Un apéro
avec
un peu plus que
des cacahuètes :
vos amis et vous
le valez bien !

Degemer mat*
ici
lieu idéal
pour un
bon apéro
breton.
*bienvenue

NATHALIE BEAUVAIS
& SA FAMILLE

Vive l'apéro !

Apéros, brunchs, buffets & cocktails
au bon goût breton.

Recettes de Cuisine
NATHALIE BEAUVAIS & MATEJ TÖKÖLI (*le gendre*)

Recettes de Cocktail
ÉMILIE (*la fille*) & ARNAUD (*le mari*) BEAUVAIS

Photos
PIERRE PELLETIER (*le frère*)

Tests recettes
GOÛTEURS GOURMANDS
(*le reste de la famille et les amis*)

TROP MAD!

Table des Recettes

2 • SAUCES & TARTINABLES 39

Certaines recettes du livre sont :

● : végétarienne ● : végane ● : 0% gluten ● : 0% lactose

3 • VERRINES SALÉES 59

4 • BUFFET DE LÉGUMES 73

Certaines recettes du livre sont :

● : végétarienne ● : végane ● : 0% gluten ● : 0% lactose

5 • BUFFET DE LA MER 95

6 • BUFFET DE VIANDES 117

7 • GÂTEAUX & TARTES SUCRÉES 141

8 • BOUCHÉES SUCRÉES 165

Certaines recettes du livre sont :

● : végétarienne ● : végane ● : 0% gluten ● : 0% lactose

9 • COCKTAILS BRETONS

140 RECETTES DE BRETAGNE & DU RESTE DU MONDE MAGNIFIÉES PAR LES MEILLEURS INGRÉDIENTS BRETONS !

pour vos apéros, buffets, brunchs, cocktails,...

AVANT ~~PROPOS~~ *l'apéro !*

En tant que cuisinière passionnée, j'aime cuisiner, j'aime manger et j'aime recevoir... Mais il y a un hic dans cette histoire : il est un peu compliqué de réaliser ces trois actions simultanément sans être stressée et tout en gardant sa joie et sa bonne humeur, même en étant une "vieille" cuisinière professionnelle !

Aussi, la solution "apéro" se présente comme une très bonne alternative :

- tout est préparé avant l'arrivée des copains,
- le service est simple et convivial,
- l'ambiance reste plus cool qu'autour d'un repas classique.

Quant au côté breton de mon apéro, c'est logique : la Bretagne a toujours été ma première source d'inspiration en plus d'être un véritable panier gourmand. Ce serait dommage de ne pas en profiter !

Pour la première fois, je partage les recettes de cuisine avec Matej Tököly, chef de cuisine et par ailleurs grand amour de ma fille ainée, Émilie ! Matej est né et a vécu toute sa jeunesse en Slovaquie. Puis il s'est envolé vers l'Angleterre pour travailler en hôtellerie avant de finir par s'installer en Bretagne et ouvrir "La Cave des Gourmands" à Locmiquélic avec Émilie.

À travers ses recettes, il nous apporte des parfums de l'Europe de l'Est mais aussi de la cuisine anglo-saxonne. Il marie tout cela aux excellents produits bretons qu'il défend aujourd'hui ardemment, sous l'influence bien sûr de sa chère belle-mère !

Et qui dit "apéro" dit aussi boissons rafraîchissantes ! Cela tombe bien car Arnaud, mon mari, et Émilie sont des passionnés de cocktails aux fortes consonances bretonnes. Là encore, la Bretagne ne manque pas d'élixirs exceptionnels pour nous enthousiasmer...

...alors yec'hed mat !

Nathalie Beauvais

1

BISCUITS PAINS FRITURES & CAKES

PAR

NATHALIE & MATEJ

COOKIES
AU FROMAGE DE CHÈVRE, À LA POMME & AU ROMARIN

• VÉGÉTARIEN | 15 min PRÉPA | 10 min CUISSON

POUR UNE QUINZAINE DE COOKIES :

50 g de farine de blé
50 g de farine de sarrasin
50 g de pomme
4 cl d'huile d'olive
2 cl de cidre
1 c. à café de romarin ciselé finement
Sel
50 g de fromage de chèvre ½ sec

1 • Préparation : dans un saladier, verser les farines, le romarin, un peu de sel, le fromage coupé en dés et la pomme taillée en cubes le plus finement possible.

Mélanger le tout et former une fontaine. Verser dans la fontaine l'huile et le cidre puis mélanger avec une main tous les ingrédients de façon à former une boule.

Former un rouleau avec la boule de pâte et le tailler en fines rondelles (environ 15 rondelles). Façonner chaque rondelle en petite boule et aplatir chacune ensuite dans la paume des mains.

2 • Cuisson : disposer les cookies sur la plaque du four légèrement huilée et les cuire dans le four à 180°C (th. 6) jusqu'à ce qu'ils commencent à colorer (environ 10 minutes).

Une fois cuits, les décoller de la plaque avec une spatule et les déposer dans un joli plat. Les déguster tempérés.

CRACKERS
À LA TOMME DE VACHE

• VÉGÉTARIEN | 1h PRÉPA | 25 min CUISSON

POUR UNE VINGTAINE CRACKERS :

340 g de tomme de vache
250 g de farine
1,5 c. à soupe de maïzena
170 g de beurre salé
juste sorti du réfrigérateur
2 c. à soupe d'eau froide
Graines de cumin
Sel

1 • Préparation de la pâte : couper en petits morceaux le beurre et la tomme.

Les mettre dans un blender avec la maïzena, la farine et les 2 cuillerées à soupe d'eau. Les mixer jusqu'à ce que la pâte forme une boule.

Déposer la pâte sur une planche à découper et à l'aide d'un rouleau à pâtisserie, former un rectangle d'environ 25 cm de longueur, 15 cm de large et 2 cm d'épaisseur.

Filmer la pâte et la placer au réfrigérateur pendant 45 minutes afin que la pâte devienne dure.

2 • Cuisson : préchauffer le four à 180°C (th. 6).

Couper la pâte en bâtonnets d'environ 5 mm.

Assaisonner les bâtonnets de sel et graines de cumin.

Les placer sur une plaque recouverte de papier cuisson, les glisser au four à 180°C et les cuire pendant environ 20 à 25 minutes.

Une fois la cuisson terminée, les laisser refroidir et les déguster tempérés.

Le conseil de Matej

Choisissez une tomme de vache plutôt affinée ! Je vous conseille la vieille tomme d'Hirel de la fromagerie Darley (sur la commune de Matignon 22) : excellente !

Pour conserver les crackers pendant quelques jours, les mettre dans le même type de boîte que pour les galettes bretonnes.

POPLAMÚCH
FOCACCIA FAÇON SLOVAQUE

2h PRÉPA 25min CUISSON

POUR 8 PERSONNES :

La pâte :

400 g de farine
40 g de graisse de porc
1 c. à soupe de levure sèche
220 g d'eau tiède
1 c. à soupe de sucre
1 pincée de sel

La garniture :

1 gros oignon
2 gousses d'ail
15 tomates cerises
ou tomates coupées en 2
60 g de beurre
100 g de bacon
1 c. à soupe de graine de cumin
Huile d'olive
Sel

1 • Préparation de la pâte : mélanger la levure, le sucre et l'eau pour activer la levure. Une fois la levure activée verser le mélange dans la cuve d'un mixeur agrémenté d'un crochet.

Rajouter la farine, la graisse de porc et le sel. Pétrir la pâte jusqu'à ce qu'elle soit lisse.

Façonner la pâte en une grosse boule puis la couvrir et la laisser dans un endroit tiède afin qu'elle double de volume. Cela devrait prendre environ 1 heure.

Pendant ce temps, graisser à l'huile d'olive deux moules à tarte d'environ 24 cm de diamètre.

Lorsque la pâte est prête la diviser en deux dans les moules à tarte et la presser légèrement avec les doigts pour l'étaler.

Laisser la pâte de nouveau se reposer 30 minutes dans un endroit tiède.

2 • Cuisson du Poplamúch : préchauffer le four à 200°C (th. 7).

Ciseler l'ail et le mélanger avec du beurre liquide. À l'aide d'un pinceau, badigeonner la pâte de cette préparation.

Mettre les tomates cerises coupées en deux sur la pâte et les pousser légèrement dedans.

Parsemer la pâte de lamelles d'oignon, de bacon, et de graines de cumin.

Cuire pendant environ 25 minutes jusqu'à ce que la pâte soit dorée.

Lorsque le Poplamúch sort du four, le badigeonner à nouveau de beurre à l'ail.

Servir le Poplamúch à la sortie du four.

GOUGÈRES
À LA TOMME DE BREBIS

• VÉGÉTARIEN | 30 min PRÉPA | 30 min CUISSON

POUR UNE QUINZAINE DE GOUGÈRES :

150 g de tomme de brebis
coupée en petits dés (2 mm^3)

4 œufs + 1 œuf pour la dorure

140 g de farine

110 g de beurre

25 cl d'eau

1 pincée de sel et poivre

1 • Préparation :

Préchauffer le four à 200°C (th. 7).

Dans une casserole ou une sauteuse (environ 20 cm de diamètre), verser l'eau, le beurre coupé en petits dés, le sel et le poivre. Monter le tout à ébullition et verser la farine en une seule fois. Mélanger à l'aide d'une spatule sur un feu doux jusqu'à ce que la pâte forme une "masse" qui se décolle du fond de la casserole. Ne pas hésiter à battre la pâte à la spatule énergiquement afin de bien la dessécher.

Transvaser la pâte dans un saladier et incorporer les œufs un à un tout en continuant à battre vivement la pâte à l'aide de la spatule. Verser les dés de tomme dans la pâte à choux et bien mélanger le tout à la spatule.

Verser la pâte dans une poche et dresser des petites boules de pâte sur une plaque de four huilée en les espaçant d'au moins 3 cm.

Battre l'œuf de la dorure dans une coupelle à l'aide d'une fourchette et dorer chaque chou à l'aide d'un pinceau.

2 • Cuisson : glisser la plaque dans le four chaud (200°C) et cuire les choux jusqu'à ce qu'ils soient dorés (environ 20 minutes).

Les laisser sécher dans le four juste éteint avec la porte ouverte pendant 5 minutes (pour éviter qu'ils ne retombent).

3 • Service : servir les gougères tièdes ou tempérées.

CRÊPES CROUSTILLANTES

- VÉGÉTARIEN
- 0% GLUTEN
  si crêpes 100% sarrasin

10 min PRÉPA — 1 min CUISSON

POUR 24 CRÊPES :

3 belles crêpes de sarrasin
(les plus fines possible)

60 g de beurre

Épices en poudre
comme du cumin, du raz el-hanout, du paprika, du carvi,...

1 • Préparation :
Préchauffer le four à 250°C (th. 8).

Beurrer les crêpes sur toute leur surface. Couper chaque crêpe en 8 triangles les plus égaux possible. Les disposer sur la plaque du four, les parsemer très légèrement d'épices (facultatif).

2 • Cuisson : les cuire dans le four très chaud jusqu'à une légère coloration (environ 1 minute).

3 • Service : les débarrasser sur un joli plat en faisant attention de ne pas les casser. Les réserver dans un endroit sec et tempéré.

SOLEIL
FEUILLETÉ

15 min PRÉPA   30 min CUISSON

POUR UNE QUINZAINE DE RAYONS DE SOLEIL :

2 disques de pâte feuilletée
de même taille

1 œuf

3 c. à soupe de pesto au basilic

3 fines tranches de jambon
(ou 6 fines tranches de bacon)

1 belle tomate

130 g de fromage de chèvre demi-sec

1 c. à café d'origan

Sel

Préchauffer le four à 180°C (th. 6).

1 • **Préparation du soleil** : placer le premier disque de pâte feuilletée sur le papier cuisson.

Le tartiner de pesto puis le parsemer de jambon et de tomate le tout taillé finement.

Ajouter l'origan.

Râper le fromage de chèvre et le parsemer sur les ingrédients précédents.

Recouvrir l'ensemble avec le second disque de pâte feuilletée.

À l'aide d'un pinceau, badigeonner le dessus avec un œuf entier et le saupoudrer de sel.

Placer au milieu du disque un cercle d'environ 7 cm de diamètre.

Couper des parts égales (une quinzaine) à partir de ce cercle (en faisant attention à ne pas couper le papier cuisson).

Enfin, tourner 3 fois ces parts sur elles-mêmes.

2 • **Cuisson du soleil** : glisser le soleil avec le papier cuisson sur la plaque du four à 180°C et le cuire pendant 20 minutes.

Le conseil de Matej

N'hésitez pas à utiliser la recette d'une sauce ou d'une crème pour y tremper vos rayons de soleil !

CAKE
AU BLÉ NOIR & AUX FRUITS SECS

• VÉGÉTARIEN
• 0% GLUTEN

15min PRÉPA 20min CUISSON

POUR UN PETIT CAKE :

120 g de farine de blé noir
1 sachet de levure
50 g de raisins de Corinthe
30 g de noix concassées
50 g de pruneaux dénoyautés et hachés
25 cl de lait ribot
100 g de beurre
Sel et poivre

Préchauffer le four à 170° (th. 6).

1 • Préparation : verser la farine avec la levure dans un saladier. Incorporer petit à petit tout en fouettant le lait ribot, les fruits secs et enfin le beurre fondu. Saler, poivrer, verser la pâte dans un moule à cake beurré et fariné.

2 • Cuisson : mettre à cuire dans un four à 170°C pendant environ 20 minutes.

Laisser légèrement refroidir avant de démouler.

3 • Service : le découper en tranches et les déposer sur un joli plat de service ou une jolie planche.

CAKE
AU PÂTÉ HÉNAFF

30 min PRÉPA 45 min CUISSON

POUR UN CAKE :

1 boite de pâté Hénaff (156 g)
220 g de farine
4 œufs
180 g de beurre
10 cl de cidre
1 paquet de levure chimique
8 pincées de sel
4 tours de moulin à poivre
8 feuilles de sauge ciselées finement
(ou une pincée de thym ou d'origan)
80 g de gruyère râpé
1 pomme coupée en petits dés

Préchauffer le four à 180°C (th. 6).

1 • **Préparation** : dans un saladier, mélanger et disposer en fontaine la farine, la levure, le sel et le poivre. Y casser les œufs et mélanger doucement au fouet en y incorporant petit à petit le cidre puis le beurre fondu.

Ajouter tout en mélangeant à la spatule le gruyère râpé, la pomme, le pâté Hénaff émietté et enfin la sauge ciselée.

2 • **Cuisson** : verser la pâte dans un moule à cake beurré et fariné. Glisser dans le four à180°C pendant 45 minutes. Démouler le cake une fois légèrement refroidi (pour qu'il ne s'écrase pas).

3 • **Service** : le découper en tranches et les déposer sur un joli plat de service ou une jolie planche.

PAIN À L'AIL
CHEESY GARLIC BREAD

• VÉGÉTARIEN | 3 h PRÉPA | 25 min CUISSON

POUR 2 OU 3 PAINS :

30 cl d'eau
4 g de levure sèche active
(levure de boulanger déshydratée)
370 g de farine
8 g de sel
4 cl d'huile végétale
2 gousses d'ail
110 g de tomme de brebis

1 • Préparation de la pâte : bien mélanger la levure dans l'eau tempérée et la laisser s'activer pendant environ 15 minutes.

Dans un autre bol, mélanger la farine, le sel et l'huile.

Une fois la levure activée, mélanger le tout à l'aide d'une maryse ou d'une corne à pâtisserie.

Recouvrir la pâte d'un linge propre et la laisser reposer pendant 1 heure sur le plan de travail.

Râper dessus le tiers du fromage et le tiers de l'ail. Puis, plier les 4 côtés de la pâte à l'aide de la corne ou de la maryse afin de les recouvrir.

Laisser reposer la pâte de nouveau pendant 30 minutes.

Répéter cette étape 2 autres fois. Fariner le plan de travail et séparer la pâte à l'aide de la maryse ou de la corne en 2 ou 3 boules.

2 • Cuisson : préchauffer le four à 200°C (th. 7) avec 100% d'humidité (s'il n'y a pas d'option pour contrôler l'humidité, ne pas hésiter à utiliser une plaque de cuisson creuse avec de l'eau placée en bas du four).

Cuire les Cheesy Garlic Bread pendant 25 minutes jusqu'à ce qu'ils aient une croûte bien dorée.

Le conseil de Matej

La pâte est très collante ! La corne à pâtisserie ou la maryse vous permettent de ne pas en avoir partout sur les mains.

LOKŠE
CRÊPES
À LA POMME DE TERRE

• 0% LACTOSE | 3h PRÉPA | 2h CUISSON

POUR UNE QUINZAINE DE LOKŠE :

1 kg de pommes de terre
300 g de farine
10 g de sel
120 g de graisse de porc ou de canard

1 • Préparation des pommes de terre : (peut être réalisée la veille). Cuire les pommes de terre avec la peau dans l'eau bouillante jusqu'à ce qu'elles soient fondantes. Les égoutter et les laisser refroidir pendant environ 1 heure.

2 • Préparation de la pâte à crêpe : éplucher les pommes de terre puis les râper sur la partie la plus fine possible de la râpe à fromage.

Les mélanger à la farine et au sel puis former la pâte en une boule. Si la pâte est un peu collante, ne pas hésiter à rajouter de la farine.

Former des petites boules d'environ 80/90 g. Saupoudrer le plan de travail de farine afin d'éviter que la pâte se casse.

À l'aide d'un rouleau à pâtisserie, étaler chaque petite boule afin de former des crêpes de 25 cm de diamètre et 3 mm d'épaisseur.

3 • Cuisson des crêpes : la graisse de porc ou de canard doit être molle ou liquide afin de pouvoir lustrer la crêpe sans problème.

Ajouter de la matière grasse à la crêpe et non à la poêle (la poêle doit rester comme propre !).

Chauffer la poêle et verser la pâte à crêpe.

Retourner la crêpe lorsque la pâte devient dorée avec des tâches brunes. Une fois la crêpe prête, la placer sur une assiette.

Sur la face visible ajouter au pinceau la graisse de porc ou canard.

Avant de réaliser la deuxième crêpe, vérifier que la poêle n'ait pas de traces de farine.

Le conseil de Matej

Ces crêpes façon slovaque sont bien meilleures lorsqu'elles viennent juste d'être faites.
N'hésitez pas à les déguster directement nature ou sous forme de wrap le lendemain s'il vous en reste.

BLINIS
AU SARRASIN

• VÉGÉTARIEN

15 min PRÉPA

15 min CUISSON

POUR UNE DOUZAINE DE BLINIS :

30 g de farine de blé noir
(ou de sarrasin, c'est la même chose)

60 g de farine de froment

50 g de beurre

2 œufs

1 yaourt nature

Sel

Préchauffer le four à 180°C (th. 6).

1 • **Préparation de la pâte :** dans un saladier, verser les farines et 2 belles pincées de sel. Les mélanger et en faire une fontaine. Y verser le yaourt et les deux jaunes d'œufs. Fouetter doucement le yaourt et les jaunes en leur incorporant petit à petit les farines.

Mélanger jusqu'à l'obtention d'une pâte bien lisse. Battre les deux blancs d'œufs en neige à l'aide d'un fouet électrique. Les incorporer à la pâte délicatement à l'aide de la spatule.

2 • **Cuisson :** dans une grande poêle moyennement chaude, verser une noisette de beurre puis de petites louches de pâtes espacées de façon à former plusieurs blinis. La pâte ne doit pas trop s'étaler. Laisser cuire doucement jusqu'à ce que les ronds de pâte dorent légèrement.

Les retourner et prolonger la cuisson jusqu'à ce qu'ils soient bien dorés des deux côtés.

Réserver au chaud ou les servir tempérés.

PAGÁČE
BUNS À LA POMME DE TERRE

• VÉGÉTARIEN | 2h PRÉPA | 20min CUISSON

POUR ENVIRON UNE TRENTAINE DE PAGÁČES :

500 g de farine

450 g de pomme de terre bouillie non épluchée

125 g de beurre conservé au réfrigérateur jusqu'au dernier moment

2 œufs

20 g de levure fraîche

10 cl d'huile

5 g de sel

30 cl de lait

1 c. à café de sucre

1 c. à soupe de sésame

1 • **Préparation de la pâte :** mettre la levure et le sucre dans le lait tiède. Laisser reposer pendant 15 min afin d'activer la levure.

Ajouter à la levure activée la farine, 1 œuf, le sel et l'huile dans la cuve d'un mixeur agrémenté d'un crochet. Pétrir la pâte jusqu'à ce qu'elle soit lisse.

Façonner la pâte en une grosse boule puis la couvrir et la laisser dans un endroit tiède afin qu'elle double de volume (environ 30 minutes).

Saupoudrer le plan de travail avec de la farine et, à l'aide d'un rouleau à pâtisserie, étaler la pâte jusqu'à obtenir environ 1 cm d'épaisseur.

Râper la moitié du beurre et la moitié des pommes de terre épluchées sur le dessus de la pâte.

La plier en deux et la laisser reposer 20 minutes dans un endroit tiède.

Répéter la même chose une seconde fois : étaler la pâte de nouveau pour obtenir 1 cm d'épaisseur, râper le reste de beurre et de pommes de terre, la plier encore en deux et la laisser de nouveau reposer 20 minutes.

Une fois la pâte reposée, la réétaler pour cette fois obtenir 1,5 cm d'épaisseur.

Utiliser un cercle pour couper votre pâte en petits ronds.

2 • **Cuisson des pagáče :** préchauffer votre four à 200°C (th. 7).

Badigeonner les petits ronds de jaune d'œuf et les parsemer de graines de sésame.

Les mettre au four sur du papier cuisson pendant environ 20 minutes jusqu'à ce qu'ils soient bien dorés.

Le conseil de Matej

Le Pagáče est une spécialité apéritive slovaque. Même si je connais l'amour des Bretonnes et Bretons pour le beurre, celui-ci peut très bien être remplacé par 200 g de fromage type tomme (de production locale bien sûr !).

CHIPS
DE BETTERAVE, PANAIS & POMME DE TERRE

- VÉGÉTARIEN
- VEGAN
- 0% GLUTEN
- 0% LACTOSE

25min PRÉPA 25min CUISSON

POUR UN BOL DE CHAQUE :

2 panais
2 betteraves
2 pommes de terre
50 cl d'huile de friture
1 c. à café de curry
1 petite botte de romarin
Sel

1 • Préparation des légumes : éplucher les betteraves, panais et pommes de terre.

Une fois les légumes épluchés, continuer à utiliser votre épluche légume afin d'obtenir de fines lamelles.

2 • Préparation du sel au curry et du sel au romarin :

Pour le sel au curry : 1 cuillerée à café de curry pour 2 cuillerées à café de sel.

Pour le sel au romarin : prendre seulement les feuilles de romarin. Les mettre au blender avec 1 cuillerée à café de sel. Les mixer ensemble jusqu'à ce que le sel soit légèrement vert et les feuilles de romarin en tout petit morceau.

3 • Cuisson des légumes : préchauffer le four à 100°C (th. 3) afin de déshydrater vos légumes et non de les cuire.

Placer vos fines lamelles au four sur du papier cuisson pendant environ 20 minutes. Faire attention de ne pas les superposer car elles risqueraient de se coller les unes aux autres.

Préchauffer l'huile de friture à 170°C.

Une fois les légumes prêts, les plonger dedans pendant environ 1 minute.

À leur sortie, les disposer sur un papier absorbant et les saler avec le sel au curry ou le sel au romarin.

BEIGNETS
DE FEUILLES DE SAUGE

• VÉGÉTARIEN
• 0% LACTOSE

15 min PRÉPA — 15 min CUISSON

POUR UN BOL BEIGNETS :

100 g de farine
50 g de maïzena
1 œuf
22 cl d'eau froide
½ gousse d'ail
Une quinzaine de feuilles de sauge
avec les tiges
1 bain d'huile pour la friture
½ c. à café de sel

1 • **Préparation de la pâte :** dans un saladier, verser la farine, la maïzena, l'ail haché et le sel. Mélanger et former une fontaine. Y verser l'œuf, le fouetter et incorporer petit à petit les farines tout en versant l'eau au fur et à mesure.

2 • **Cuisson des beignets :** chauffer le bain d'huile assez vivement. Tremper la feuille de sauge dans la pâte à beignets en tenant la feuille par sa tige et la déposer délicatement dans le bain de friture chaud. Cuire le beignet jusqu'à ce qu'il soit doré et l'égoutter sur un papier absorbant. Procéder de la même façon pour toutes les feuilles de sauge.

Servir les beignets tièdes ou tempérés.

Le conseil de Nathalie

La pâte à beignets peut être simplifiée en remplaçant tous les ingrédients sauf l'eau par de la pâte à tempura que vous trouverez dans les rayons d'épicerie asiatique. Le résultat permet d'obtenir des beignets à la fois croustillants et légers. N'hésitez pas à vous lancer !

TOASTS
AU BEURRE D'ANDOUILLE

10 min PRÉPA 2 min CUISSON

POUR UNE TRENTAINE DE TOASTS :

1 baguette
200 g de beurre
120 g d'andouille de Guémené

Préchauffer le four à 250°C (th. 8).

1 • **Préparation du beurre d'andouille :** enlever le boyau noir (boyau de bœuf) qui recouvre l'andouille. Tailler l'andouille en dés et les mixer dans un robot ménager. Incorporer le beurre mou et mixer à nouveau pour homogénéiser la préparation. Réserver.

2 • **Préparation des toasts :** couper la baguette en tranches de 5 mm d'épaisseur. Tartiner les tranches avec le beurre d'andouille de façon généreuse et disposer les toasts sur la plaque de four. Glisser la plaque dans le four très chaud et les cuire jusqu'à ce qu'ils commencent à griller sur les contours.

Les servir à la sortie du four.

TOASTS
AU BEURRE DE LÉGUMES

• VÉGÉTARIEN 15 min PRÉPA 2 min CUISSON

POUR UNE TRENTAINE DE TOASTS :

1 baguette
1 petite carotte
1 petit navet (ou 5 radis)
1 petit blanc de poireau
200 g de beurre

Préchauffer le four à 250°C (th. 8).

1 • **Préparation du beurre de légumes :** éplucher et laver sous l'eau la carotte, le navet et le blanc de poireau. Couper les légumes en gros dés et les verser dans le bol d'un mixeur. Les mixer finement et ajouter le beurre ramolli. Mixer à nouveau jusqu'à l'obtention d'un beurre de légumes bien homogène. Débarrasser dans un bol.

2 • **Préparation des toasts :** couper la baguette en tranches de 5 mm d'épaisseur et tartiner généreusement chacune d'elles avec le beurre de légumes. Disposer les toasts sur la plaque du four et la glisser dans le four très chaud (250°C). Les laisser cuire jusqu'à ce qu'ils commencent légèrement à griller sur les côtés.

Déguster aussitôt.

TOASTS
AU BEURRE DE SARRASIN GRILLÉ

• VÉGÉTARIEN | 10 min PRÉPA | 2 min CUISSON

POUR UNE TRENTAINE DE TOASTS :

1 baguette
80 g de sarrasin en graines
200 g de beurre

Préchauffer le four à 250°C (th. 8).

1 • **Préparation du beurre de sarrasin :** verser les graines sur une plaque de four et les faire torréfier dans le four très chaud (250°C) jusqu'à ce qu'elles soient bien dorées.

Les retirer du four, les verser dans le bol d'un mixeur électrique. Les mixer finement et ajouter le beurre ramolli. Mixer à nouveau jusqu'à l'obtention d'un beurre de sarrasin bien homogène. Débarrasser dans un bol.

2 • **Préparation des toasts :** couper la baguette en tranches de 5 mm d'épaisseur et tartiner généreusement chacune d'elles avec le beurre de sarrasin. Disposer les toasts sur la plaque du four et la glisser dans le four très chaud (250°). Les laisser cuire jusqu'à ce que les toasts commencent légèrement à griller sur les côtés.

Déguster aussitôt.

Le conseil de Nathalie

Vous pouvez préparer les beurres à l'avance (la veille de la dégustation). Il faut juste penser à les sortir du réfrigérateur une bonne heure avant le tartinage pour que le beurre ait le temps de ramollir.
Vous pouvez aussi imaginer tartiner en avance les toasts (le matin pour le soir), les conserver au réfrigérateur et les cuire au moment de la dégustation.

SAMOUSSAS
À LA BRETONNE

• VÉGÉTARIEN • 0% GLUTEN
si crêpes 100% sarrasin

30 min PRÉPA 35 min CUISSON

POUR 4 SAMOUSSAS :

1 crêpe de sarrasin

15 g de beurre pour la crêpe
+ 15 g de beurre pour la purée

250 g de pommes de terre

Sel et poivre

Exemples de garniture :

- 4 tranches d'andouille de Guémené taillées en dés
- 50 g de pâté Hénaff taillé en dés
- 50 g de poisson fumé (lieu, saumon, etc…) taillé en dés
- 1 c. à soupe de fines herbes ciselées
- 4 c. à café de légumes rôtis (cucurbitacées, patate douce, carotte, aubergine, courgette,...) taillés en dés

Préchauffer le four à 250°C (th. 8).

1 • Préparation de la purée : éplucher les pommes de terre, les cuire dans de l'eau légèrement salée (départ eau froide) jusqu'à ce qu'elles soient fondantes. Les égoutter et les écraser à l'aide d'un presse purée (ou d'une fourchette) tout en incorporant le beurre.

Vérifier l'assaisonnement et réserver.

2 • Finition des samoussas : étaler la crêpe sur le plan de travail, la tartiner avec le beurre ramolli puis la couper en 4 parts égales. Placer une cuillerée de purée au centre de chaque part et parsemer par-dessus la garniture choisie. Étaler légèrement le tout avec les doigts, replier la crêpe pour enfermer la garniture et obtenir une forme plus ou moins triangulaire.

Dresser les samoussas sur la plaque du four et les cuire dans le four très chaud jusqu'à ce qu'ils soient dorés et croustillants (environ 5 minutes).

Le conseil de Nathalie

Les garnitures sont choisies en fonction de vos goûts et de ce qui est présent dans vos placards. Vous pouvez aussi épicer la purée de pommes de terre avec différents épices (curry indien, raz el-hanout, massala,...).

Prévoyez quelques serviettes en papier pour vous essuyer les doigts qui seront un peu "beurrés" !

2
SAUCES
&
TARTINABLES

PAR

NATHALIE & MATEJ

RILLETTES DE POISSON FUMÉ

• 0% GLUTEN | 15 min PRÉPA

POUR UN PETIT BOL :

100 g de poisson fumé sans peau (exemples : saumon, lieu, truite)

150 g (ou 15 cl) de crème fraîche bien froide

1 botte de ciboulette

1 pincée de piment d'Espelette (ou poivre)

1 c. à soupe de jus de citron

Préparation des rillettes :

Tailler le poisson en dés et ciseler la ciboulette.

Dans le bol du mixeur électrique, verser les dés de poisson avec le piment et mixer.

Une fois le poisson transformé en purée, ajouter la crème et mixer à nouveau jusqu'à ce que le mélange commence à monter en « chantilly ».

Arrêter de mixer et ajouter au mélange la ciboulette et le jus de citron. Mixer à nouveau jusqu'à ce que le mélange soit homogène, vérifier l'assaisonnement et verser le tout dans un joli bol.

Réserver au frais jusqu'à la dégustation.

RILLETTES DE SARDINES À L'HUILE

• 0% GLUTEN | 10 min PRÉPA

POUR UN PETIT BOL :

1 boîte de sardines à l'huile (125 g)

50 g de fromage blanc

1 botte de persil

1 botte de ciboulette

1 belle pincée de piment d'Espelette

1 c. à café de jus de citron

1 pincée de sel

Préparation des rillettes :

Dans un saladier, verser les sardines une fois désarrêtées avec l'huile de la boîte.

Écraser le tout à l'aide d'une fourchette et ajouter le persil ciselé, la ciboulette ciselée, le piment et le jus de citron.

Bien mélanger le tout à l'aide de la fourchette tout en incorporant le fromage blanc. Vérifier l'assaisonnement et verser les rillettes dans la boîte de sardine ou dans un joli bol.

Réserver au frais jusqu'à la dégustation.

Rillettes & associations

- Pour tartiner des toasts, des biscuits, des pains.
- Pour verser dans une verrine avec un guacamole, une concassée de tomate, une purée de légumes.

RILLETTES
DE MAQUEREAUX AU CURRY

• 0% GLUTEN | 45 min PRÉPA | 20 min CUISSON

POUR 6 PERSONNES :

1 kg de maquereaux bien frais
150 g d'échalotes
¼ de bouteille de vin blanc (type muscadet)
500 g de crème fraîche
1 c. à soupe de curry
2 tomates
¼ de botte de ciboulette
¼ de botte de persil
¼ de botte d'estragon
Sel

1 • **Préparation des rillettes** : vider et nettoyer les maquereaux. Cuire les maquereaux à la vapeur (dans un couscoussier) ou en papillotes (dans une feuille de papier d'aluminium) à four chaud à 200°C (th.7) pendant 10 à 15 minutes. Enlever les arêtes des poissons une fois cuits et réserver la chair.

Monder les tomates (les laisser 20 secondes dans l'eau bouillante, les retirer de l'eau et les éplucher). Couper la chair des tomates en petits dés. Ne pas garder le jus et les pépins. Réserver les dés, ciseler les échalotes et les mettre ensuite dans une cocotte avec le vin blanc. Laisser réduire jusqu'à ce qu'il n'y ait plus qu'une cuillerée à soupe de vin réduit. Ajouter ensuite la crème, le curry, le sel, les dés de tomates et la chair du poisson. Bien mélanger le tout.

2 • **Cuisson des rillettes** : laisser cuire doucement à découvert pendant 20 minutes, en remuant souvent afin d'éviter que les rillettes n'attachent au fond de la casserole.

Une fois la cuisson terminée, retirer du feu, ajouter les fines herbes ciselées et assaisonner de nouveau si nécessaire.

3 • **Dressage** : débarrasser les rillettes dans une belle terrine et laisser rafraîchir au moins 2 heures.

Servir les rillettes à l'apéritif ou en entrée avec du pain de campagne grillé.

Le conseil de Nathalie

Vous pouvez remplacer les maquereaux par beaucoup d'autres poissons. Il suffit simplement que le poisson s'effeuille à la cuisson. La lotte ou l'encornet, par exemple, ne conviendront pas.

HOUMOUS

• VÉGÉTARIEN
• VEGAN
• 0% GLUTEN
• 0% LACTOSE

15 min PRÉPA 1h CUISSON

POUR UN GRAND BOL :

125 g de pois chiches secs
2 c. à soupe de tahin (crème de sésame)
1 citron
1 gousse d'ail
2 c. à soupe d'huile d'olive
Gros sel, sel, poivre
1 c. à café de graines de sésame

1 • **Préparation des pois chiches :** faire tremper les pois chiches la veille de la préparation.

Les égoutter de leur eau de trempage et les faire cuire dans une casserole en les recouvrant d'eau froide non salée. Monter le tout à ébullition et les laisser cuire doucement pendant environ une bonne heure à couvert. Les saler en fin de cuisson.

2 • **Finition du houmous :** une fois cuits, les égoutter (en gardant leur jus de cuisson) et les mixer avec l'ail haché, le jus de citron, l'huile d'olive et le tahin. Ajouter le jus de cuisson de façon à obtenir une purée onctueuse et assaisonner. Relever plus ou moins selon les goûts de chacun.

Réserver dans un endroit frais et saupoudrer de graines de sésame juste avant de le servir.

HOUMOUS
À LA PATATE DOUCE

• VÉGÉTARIEN
• VEGAN
• 0% GLUTEN
• 0% LACTOSE

15 min PRÉPA 30 min CUISSON

POUR UN GRAND BOL :

150 g de patate douce
80 g de pois chiches cuits
20 g de tahin
3 cl d'huile d'olive
1 cl de jus de citron
2 cl env. de jus de cuisson des pois chiches
Sel, piment d'Espelette
1 belle pincée de graines de sésame

Préparation de la patate douce :

Éplucher la patate douce et la cuire à la vapeur ou à l'eau légèrement salée pendant environ 30 minutes.

Une fois cuite, la verser dans le bol d'un mixeur avec tout le reste des ingrédients. Mixer jusqu'à l'obtention d'une purée onctueuse et homogène. Vérifier l'assaisonnement et verser le tout dans un bol.

Réserver au frais et parsemer de graines de sésame juste avant de servir.

Le conseil de Nathalie

Vous pouvez imaginer des houmous avec encore d'autres légumes. La patate douce et la betterave peuvent être remplacées aussi par des carottes, des cucurbitacées (butternut, potiron, patidoux, ...), du céleri, du panais.

HOUMOUS
À LA BETTERAVE

- VÉGÉTARIEN
- VEGAN
- 0% GLUTEN
- 0% LACTOSE

15 min PRÉPA

POUR UN GRAND BOL :

100 g de betterave cuite
100 g de pois chiches cuits
30 g de tahin
1 cl de jus de citron
3 cl env. de jus de cuisson des pois chiches
Sel, piment d'Espelette
1 belle pincée de graines de sésame

Préparation de la betterave :

Éplucher la betterave, la verser dans le bol d'un mixeur avec tout le reste des ingrédients et mixer jusqu'à l'obtention d'une purée onctueuse et homogène. Vérifier l'assaisonnement et verser le tout dans un bol.

Réserver au frais et parsemer de graines de sésame juste avant de servir.

Houmous & associations

Pour y tremper des crudités, des biscuits, des toasts ou du pain.

PESTO
À LA CORIANDRE

- VÉGÉTARIEN
- VEGAN
- 0% GLUTEN
- 0% LACTOSE

10 min PRÉPA

POUR UN PETIT BOL :

1 botte de persil
1 botte de coriandre
2 gousses d'ail
25 g de noisettes mondées
25 cl d'huile d'olive
Sel
1 belle pincée de piment

Préparation :
Ciseler le persil et la coriandre puis les verser dans le bol d'un mixeur électrique. Éplucher les gousses d'ail, les hacher grossièrement et les ajouter aux herbes avec les noisettes concassées. Mixer le tout avec l'huile d'olive, un peu de sel et le piment jusqu'à la formation d'un pesto homogène.

PESTO
AUX FANES DE RADIS

- VÉGÉTARIEN
- VEGAN
- 0% GLUTEN
- 0% LACTOSE

10 min PRÉPA

POUR UN PETIT BOL :

50 g de fanes de radis (juste les feuilles)
1 botte de coriandre
20 cl d'huile d'olive
20 g de pignons de pin grillés
Sel, poivre

Préparation :
Laver les fanes, les ciseler et les mettre dans le bol d'un mixeur électrique avec la coriandre ciselée. Les mixer avec l'huile, les pignons, un peu de sel et poivre jusqu'à la formation d'un pesto homogène.

Le conseil de Nathalie

Le véritable pesto est une mixture avec du basilic, de l'ail, des pignons de pin, de l'huile d'olive, du parmesan et un peu de jus de citron. Je vous propose ici des versions simplifiées avec d'autres parfums et qui peuvent se conserver au frais pendant au moins une semaine. Vous pouvez aussi imaginer d'autres associations d'herbes (cerfeuil, roquette, menthe, cresson,...) avec différents fruits secs (noix, amandes,...). Les pestos à base de pignons sont délicieux mais très onéreux car les pignons coûtent une petite fortune !

Pesto & associations

- Pour y tremper des crudités (tomates cerises, carottes, chou-fleur,...), biscuits, toasts, crustacés (crevettes, langoustines,...), cakes, pains et beignets.
- Pour verser dans une verrine avec une purée de légumes.

MAYONNAISES
BASE / AIL / POULET / TARTARE

• VÉGÉTARIEN sauf poulet • 0% GLUTEN • 0% LACTOSE

10 min PRÉPA

POUR UN BOL DE MAYONNAISE :

La mayonnaise utilisée en base :

1 jaune d'œuf
1 pincée de sel
1 pincée de poivre noir moulu
1 c. à café de moutarde de Dijon
1 c. à café de vinaigre de vin rouge
25 cl d'huile de tournesol

La mayonnaise à l'ail :

1 gousse d'ail

La mayonnaise au poulet :

60 g de jus de rôti de poulet

La sauce tartare :

50 g de cornichons
30 g de câpres
2 échalotes
1 pincée de poivre noir moulu
1 c. à soupe de jus de citron
1 botte de persil haché

• Préparation de la mayonnaise de base :

Fouetter rapidement pendant 1 minute dans un bol le jaune d'œuf avec le sel, le poivre, la moutarde de Dijon et le vinaigre de vin rouge.

Tout en continuant de fouetter énergiquement, ajouter petit à petit l'huile de tournesol.

Une fois que la mayonnaise commence à s'épaissir, ajouter plus rapidement l'huile.

La mayonnaise devrait être bien épaisse.

• Préparation de la mayonnaise à l'ail :

Idem que pour la mayonnaise de base. Il suffit juste de rajouter l'ail haché au début avec le jaune d'œuf, le sel, le poivre, la moutarde de Dijon et le vinaigre de vin rouge.

• Préparation de la mayonnaise au poulet :

Ne surtout pas ajouter de sel car le jus de rôti est déjà assez salé.

Ajouter à la fin de la mayonnaise le jus de rôti froid petit à petit tout en continuant à fouetter énergiquement.

• Préparation de la sauce tartare :

Ciseler les échalotes, les cornichons, le persil et les câpres.

Lorsque la mayonnaise est prête, y incorporer les échalotes, les cornichons, les câpres, le jus de citron et le poivre. Bien mélanger.

À la toute fin, incorporer le persil.

CRÈME
AU LAIT RIBOT & AUX CHAMPIGNONS

• VÉGÉTARIEN
• 0% GLUTEN

15 min PRÉPA 10 min CUISSON

POUR UN PETIT BOL :

250 g de champignons de Paris
1 gousse d'ail (facultatif)
½ botte de persil
2 cl d'huile d'olive
25 cl de lait ribot
1 cl de jus de citron
Sel, poivre

Préparation :

Laver les champignons et les émincer finement. Éplucher la gousse d'ail et la hacher finement. Ciseler le persil.

Dans une poêle chaude, verser l'huile d'olive avec les champignons et les faire sauter sur un feu vif. Les cuire jusqu'à ce qu'ils commencent à dorer.

Ajouter en fin de cuisson l'ail et le persil. Bien mélanger, verser le tout dans le bol d'un mixeur et mixer.

Laisser légèrement refroidir et mixer à nouveau avec le lait ribot et le jus de citron.

Vérifier l'assaisonnement, verser dans un bol et réserver au frais.

Le conseil de Nathalie

Vous pouvez conserver quelques lamelles de champignons sautés et feuilles de persil pour décorer la crème.

CRÈME
AU FROMAGE BLANC

Crèmes & associations

- Pour y tremper des biscuits, du pain, des toasts, des crudités ou des beignets.
- Pour accompagner un cake ou des galettes.

• VÉGÉTARIEN
• 0% GLUTEN

5 min PRÉPA

POUR UN PETIT BOL :

1 belle botte de ciboulette
(ou 20 g de tiges vertes d'oignons nouveaux ou 20 g de cébettes)

125 g de fromage blanc

1 cl d'huile d'olive

20 g de moutarde à l'ancienne

1 cl de jus de citron

Sel

Préparation :

Ciseler la ciboulette (ou les tiges d'oignon ou les cébettes) et la verser dans un saladier avec le reste des ingrédients.

Puis bien mélanger jusqu'à l'obtention d'une crème homogène.

Le conseil de Nathalie

Vous pouvez remplacer la ciboulette par d'autres herbes comme le persil, de l'estragon, du cerfeuil... Il faut juste faire attention à la puissance de leur parfum pour juger de la quantité à mettre dans la recette.

CRÈME
AU YAOURT & AU PESTO

• VÉGÉTARIEN
• 0% GLUTEN

5 min PRÉPA

POUR UN PETIT BOL :

1 yaourt
50 g de pesto
Sel, poivre

Préparation :

Mélanger le yaourt avec le pesto à l'aide d'un fouet. Vérifier l'assaisonnement et réserver au frais.

Le conseil de Nathalie

Vous pouvez remplacer le pesto par un tartare d'algues (à acheter en épicerie fine). C'est aussi local et délicieux !

Vous pouvez aussi remplacer le yaourt par du Gwell. C'est un fromage caillé produit à partir du lait de la Bretonne Pie Noir, petite vache traditionnelle bretonne qui a failli disparaître. Son rendement en lait n'est pas très bon mais son lait est très crémeux et parfait pour la production du beurre et de fromage. Heureusement, aujourd'hui, de plus en plus de producteurs privilégient sa race.

CRÈME
AU YAOURT & AU CONCOMBRE

Crèmes & associations

- Pour y tremper des biscuits, du pain, des toasts, des crudités ou des beignets.
- Pour accompagner un cake ou des galettes.

- VÉGÉTARIEN
- 0% GLUTEN

10 min PRÉPA

POUR UN PETIT BOL :

170 g de concombre
1 yaourt
1,5 cl d'huile d'olive (environ 15 g)
1 cl de jus de citron (environ 10 g)
1 dizaine de feuilles de menthe
Sel, poivre

Préparation :

Éplucher le concombre, le couper en deux dans le sens de la longueur, l'épépiner et le tailler en fines lamelles. Les verser dans un saladier et les saler généreusement. Les laisser mariner une heure au frais. Au bout d'une heure, presser les lamelles de concombre, les verser dans le bol d'un mixeur électrique et les mixer.

Ajouter le yaourt, l'huile d'olive, le jus de citron et la menthe ciselée, assaisonner et mixer à nouveau jusqu'à l'obtention d'une crème homogène.

Vérifier l'assaisonnement et réserver au frais jusqu'à la dégustation.

Le conseil de Nathalie

Vous pouvez décorer la crème avec quelques tranches de concombre et une jolie feuille de menthe.

CRÈME
DE COURGETTE AUX AMANDES

• VÉGÉTARIEN
• VEGAN
• 0% GLUTEN
• 0% LACTOSE

15 min PRÉPA — 25 min CUISSON

POUR UN BOL DE CRÈME :

300 g de courgette (environ 1 pièce)
2 belles tiges de basilic
6 cl d'huile d'olive
25 g de poudre d'amande
1 c. à soupe d'amandes effilées grillées
1 c. à café de jus de citron
½ gousse d'ail
1 pincée de piment d'Espelette
Sel

Préparation :

Préchauffer le four à 220°C (th. 7)

Couper la courgette dans le sens de la longueur, la poser dans un plat (qui passe au four) côté chair dessus, tailler légèrement la chair avec un petit couteau (pour faciliter la cuisson), saler, huiler légèrement (1 cl) et glisser le plat dans le four. Cuire jusqu'à ce que la chair de la courgette soit fondante (environ 25 minutes).

Prélever la chair de la courgette à l'aide d'une cuillère. Ne pas conserver la peau. Hacher la chair au couteau et la verser dans un saladier.

Ciseler le basilic et l'ajouter ainsi que le reste des ingrédients (dont les 5 cl d'huile) à la purée de courgette.

Bien mélanger, vérifier l'assaisonnement et verser dans un joli bol. Parsemer le tout d'amandes effilées grillées.

Crème, caviar & associations

Pour tartiner des toasts, des biscuits ou des pains.

CAVIAR
D'AUBERGINE À LA BRETONNE

• VÉGÉTARIEN
• 0% GLUTEN

30 min PRÉPA — 1h CUISSON

POUR 6 PERSONNES :

1,5 kg d'aubergines
300 g d'oignons
10 cl d'huile d'olive
1 botte de persil plat
100 g de beurre
1 citron
1 c. à s. de cumin
Sel, poivre

Préchauffer le four à 220°C (th. 7).

1 • Préparation des aubergines : couper chaque aubergine en deux moitiés dans le sens de la longueur. Étaler les demi-aubergines sur la plaque du four légèrement huilée (5 cl) et assaisonnée (sel, poivre), côté peau dessus.

Glisser les aubergines dans le four très chaud (220°C) et les cuire jusqu'à ce qu'elles ramollissent et que la chair devienne fondante. Les retirer du four et prélever la chair de la peau des aubergines à l'aide d'une petite cuillère. Hacher la chair des aubergines au couteau et réserver.

2 • Préparation de la fondue d'oignons : pendant la cuisson des aubergines, éplucher les oignons et les ciseler finement. Les verser dans une casserole avec 5 cl d'huile d'olive et les faire suer sur un feu moyen jusqu'à ce qu'ils deviennent fondants et légèrement colorés (environ 10 minutes).

3 • Finition : ajouter la chair des aubergines dans les oignons, assaisonner (sel, poivre, cumin) et cuire sur un feu doux tout en mélangeant pour sécher la purée d'aubergines (env. 10 min.). Retirer la purée du feu et verser le jus de citron, le persil ciselé (en conserver un peu pour la décoration) et le beurre coupé en petits morceaux dans la préparation tout en fouettant. Vérifier l'assaisonnement et débarrasser le caviar dans un joli saladier. Parsemer un peu de persil ciselé dessus pour la décoration.

CRÈME
AU POIVRON ROUGE & À LA NOIX

- VÉGÉTARIEN
- VEGAN
- 0% GLUTEN
- 0% LACTOSE

20 min PRÉPA 20 min CUISSON

POUR UN BOL DE CRÈME :

350 g de poivrons rouges charnus
70 g de noix
1 gousse d'ail
3 cl d'huile d'olive
3 cl de jus de citron
1 c. à café de paprika
1 belle pincée de piment d'Espelette
Sel

Préparation :

Préchauffer le four à 220°C (th. 7).

Disposer les poivrons dans un plat à gratin et les glisser dans un four très chaud (220°C). Les cuire jusqu'à ce qu'ils noircissent de tous les côtés, les retourner en cours de cuisson.

Les débarrasser une fois cuits dans un saladier à couvert jusqu'à ce qu'ils refroidissent. Les éplucher, les épépiner et mixer la chair des poivrons avec les noix, l'ail, l'huile d'olive, le jus de citron, le paprika, le piment et un peu de sel.

Réserver la crème au frais jusqu'à la dégustation.

Crème & associations

- Pour y tremper des toasts, du pain, des biscuits ou des beignets.
- Pour accompagner des cakes et des galettes.
- Pour verser dans une verrine pour accompagner des crustacés ou des dés de fromage (tome, chèvre ½ sec,...).

SAUCE "GUACAMOLE" FAÇON NATHALIE

- VÉGÉTARIEN
- VEGAN
- 0% GLUTEN
- 0% LACTOSE

20 min PRÉPA — 5 min CUISSON

POUR UN BOL DE CRÈME :

250 g de brocolis
30 g d'oignon
1 gousse d'ail
250 g d'avocat mûr
4 cl d'huile d'olive
1 botte de coriandre
1 belle pincée de piment d'Espelette
Sel

1 • **Préparation du brocoli :** retirer les « fleurs » du pied du brocoli et les laver. Éplucher le pied et le tailler en petit dés (environ 7 mm^3).

Dans une casserole d'eau bouillante salée, cuire les fleurs et les dés du brocoli jusqu'à ce qu'ils deviennent tendres. Les égoutter et les refroidir sous l'eau froide.

2 • **Finition du "Guacamole" :** éplucher et ciseler le plus finement possible l'oignon. Éplucher l'ail et le hacher le plus finement possible.

Dans la cuve d'un mixeur électrique, verser le brocoli cuit avec l'oignon et l'ail. Mixer jusqu'à l'obtention d'une purée homogène. Réserver.

Éplucher les avocats, les dénoyauter et les mettre dans un saladier. Les écraser à l'aide d'une fourchette et incorporer petit à petit l'huile, la coriandre ciselée et la purée de brocoli.

Assaisonner et débarrasser dans un joli bol. Réserver au frais jusqu'à la dégustation

Le conseil de Nathalie

Vous pouvez décorer le guacamole avec quelques dés de tomates (si c'est la saison).

Crème & associations

- Pour y tremper des toasts, du pain et des biscuits.
- Pour verser dans une verrine pour accompagner des crustacés (crabe, langoustine, ...)

CRÈME
D'OIGNONS & D'AILS RÔTIS

• VÉGÉTARIEN • 0% GLUTEN | 10 min PRÉPA | 25 min CUISSON

POUR UN BOL DE CRÈME D'OIGNONS ET D'AILS RÔTIS :

170 g d'oignons blancs
2 gousses d'ail
2 c. à soupe d'huile d'olive
180 g de fromage à tartiner (type Philadelphia)
1 c. à café d'origan
1 botte de ciboulette
Sel, poivre

1 • Cuisson des oignons et de l'ail : préchauffer le four à 180°C (th. 6).

Couper en petits morceaux l'ail et les oignons épluchés. Les disposer sur une plaque de cuisson et les mélanger à l'huile d'olive.

Mettre le tout au four pendant environ 25 minutes jusqu'à ce que les morceaux soient bien dorés.

Une fois la cuisson terminée, laisser refroidir le tout pendant 10 minutes.

2 • Préparation de la crème d'oignons : transférer les oignons et l'ail rôtis dans un blender avec le fromage à tartiner. Mixer le tout jusqu'à l'obtention d'une préparation lisse.

Ajouter quelques pincées de sel et de poivre.

Verser la préparation dans un joli bol et parsemer avec de la ciboulette.

Le conseil de Matej

À déguster tempéré sur un pain toasté ! C'est délicieux !

3

VERRINES SALÉES

PAR

NATHALIE

CRÈME
À LA PATATE DOUCE & SON MÉLI-MÉLO À L'ORANGE

• VÉGÉTARIEN
• 0% GLUTEN

30 min PRÉPA 1h CUISSON

POUR 8 VERRINES :

500 g de patate douce à chair orange
15 à 20 cl de lait ribot (en fonction du côté farineux de la patate)
1 belle orange (ou 2 si elles sont petites)
1 bel avocat (ou 2 s'ils sont petits)
3 dattes Deglet Nour
½ grenade
Sel, poivre

1 • Cuisson de la patate :

Préchauffer le four à 220° C (th. 7).

Laver la patate, la déposer dans un petit plat et la cuire au four très chaud (220°C) jusqu'à ce qu'elle soit fondante (environ 1 heure).

Après un léger refroidissement, l'éplucher, l'écraser à la fourchette dans un saladier et incorporer le lait ribot tout en mélangeant. La purée doit être onctueuse (ni trop liquide, ni trop épaisse). Assaisonner et réserver.

2 • Préparation du méli-mélo : peler à vif l'orange, prélever les suprêmes, les tailler en petits dés et les verser avec le jus dans un saladier.

Éplucher l'avocat, le couper en deux, le dénoyauter et le tailler en petits dés. Ajouter l'avocat à l'orange. Réserver.

Dénoyauter les dattes et les émincer en lamelles. Réserver. Égrainer la grenade et réserver les graines.

3 • Dressage des verrines : partager la purée de patate entre les 8 verrines. Dresser dessus le méli-mélo d'orange et d'avocat puis parsemer le tout de lamelles de dattes et de graines de grenade. Réserver au frais jusqu'à la dégustation.

CRÈME
DE CAROTTE À L'ORANGE & AUX NOIX DE CAJOU AVEC CHAIR D'ARAIGNÉE

- 0% GLUTEN
- 0% LACTOSE

1h PRÉPA — 30min CUISSON

POUR 8 VERRINES :

1 araignée entre 800 g à 1 kg
450 g de carottes
60 g d'oignon
2 cl d'huile d'olive
15 cl de jus d'orange (1 à 2 oranges)
15 cl d'eau
40 g de purée de noix de cajou
1 belle pincée de cumin
1 c. à soupe de noix de cajou
½ botte de ciboulette
Sel, poivre

1 • **Préparation de l'araignée :** plonger l'araignée dans une casserole d'eau bouillante bien salée et prolonger la cuisson à couvert sur un feu doux après ébullition pendant 20 minutes. Égoutter l'araignée, la laisser légèrement refroidir et la décortiquer. Réserver la chair au frais.

2 • **Préparation de la crème de carotte :** éplucher l'oignon et le ciseler finement. Éplucher les carottes et les émincer en fines lamelles.

Dans une casserole, verser l'huile d'olive et faire suer l'oignon sur un feu moyen jusqu'à ce qu'il devienne translucide. Ajouter les carottes, les mouiller avec l'eau et 10 cl de jus d'orange, assaisonner (sel, poivre et cumin) et cuire à couvert sur un feu doux jusqu'à ce que les carottes soient fondantes. Verser la préparation dans le bol d'un mixeur électrique et mixer avec la purée de noix de cajou et le reste du jus d'orange jusqu'à l'obtention d'une purée lisse. Vérifier l'assaisonnement.

3 • **Finition des verrines :** partager la purée de carotte dans 8 verrines. Dresser dessus la chair d'araignée et parsemer le tout de ciboulette ciselée et de noix de cajou légèrement torréfiées et hachées. Réserver au frais jusqu'à la dégustation.

FONDUE
DE COURGETTE À LA POMME & AU CURRY AVEC SES MOULES DE BOUCHOT

• 0% GLUTEN
• 0% LACTOSE

30 min PRÉPA 30 min CUISSON

POUR 8 VERRINES :

1 kg de moules de bouchot
(prêtes à cuire)

5 cl de vin blanc sec
(type Muscadet)

500 g de courgettes

150 g de pomme
+ 100 g de pomme pour la décoration

75 g d'oignon

2 cl d'huile d'olive + 2 cl pour la finition

1 belle pincée de raz el-hanout
(ou curry indien)

1 dizaine de feuilles de menthe
+ 8 feuilles pour la décoration

Sel, poivre

1 • Préparation des moules : laver les moules dans l'eau sans les laisser tremper (elles risqueraient de se noyer) et les verser dans une casserole avec le vin blanc.

Mettre la casserole sur un feu vif à couvert et cuire les moules pendant environ 5 minutes jusqu'à leur ouverture.

Les égoutter, les décortiquer, jeter les coquilles, conserver le jus à part (pour une autre préparation comme une sauce) et mettre les moules au réfrigérateur.

2 • Préparation de la fondue : éplucher et ciseler finement l'oignon. Éplucher une fois sur deux les courgettes, les laver et les émincer en fines rondelles. Éplucher, couper en 2 et épépiner la pomme, la tailler en petits dés.

Dans une cocotte, verser l'huile d'olive et faire suer l'oignon sur un feu moyen pendant 5 minutes. Ajouter les courgettes et la pomme. Bien mélanger et assaisonner avec un peu de sel, du poivre et du raz el-hanout.

Cuire cette préparation sur un feu doux à couvert en mélangeant régulièrement pendant environ 30 minutes. Les courgettes doivent être fondantes et la fondue prend la consistance d'une compote.

Vérifier l'assaisonnement, ajouter les 10 feuilles de menthe ciselées, bien mélanger et partager la fondue entre 8 verrines.

3 • Finition des verrines : une fois les verrines refroidies, dresser les moules sur la fondue et décorer la préparation avec une jolie feuille de menthe et des bâtonnets de pomme crue. Napper chaque verrine avec un filet d'huile d'olive.

Le conseil de Nathalie

Vous pouvez remplacer les moules par des langoustines, des crevettes ou de la chair d'araignée.

VERRINE
DE FROMAGE BLANC DE BREBIS & AUBERGINE CONFITE AU MIEL

• VÉGÉTARIEN • 0% GLUTEN

20 min PRÉPA 15 min CUISSON

POUR 8 VERRINES :

200 g d'aubergine
3 cl d'huile d'olive
3 cl de jus de citron
40 g de miel
1 petite pincée de graines de coriandre concassées et grillées
1 petite pincée d'origan séché
250 g de fromage blanc de brebis
½ botte de ciboulette
Sel, poivre

1 • **Préparation du confit :** éplucher l'aubergine et la tailler en petits dés. Dans une poêle chaude, verser l'huile d'olive et ensuite l'aubergine. La cuire sur un feu vif pendant environ 7 minutes jusqu'à ce qu'elle commence à devenir fondante et légèrement colorée.

Ajouter le jus de citron, le miel, l'origan, les graines de coriandre, saler et poivrer. Prolonger la cuisson 5 minutes sur un feu vif et débarrasser la préparation dans un bol. Laisser refroidir.

2 • **Préparation du fromage blanc :** mélanger le fromage blanc avec un peu de sel et de poivre puis partager la préparation dans 8 verrines.

3 • **Finition des verrines :** Partager le confit d'aubergine dans chaque verrine de fromage blanc et parsemer le tout de ciboulette ciselée.

Le conseil de Nathalie

Vous pouvez ajouter un peu de brousse (fromage frais de brebis) dans le fromage blanc pour rendre la préparation un peu plus goûteuse avec une consistance un peu plus épaisse.

CRÈME
DE CHOU-FLEUR
À LA MANGUE & AU SÉSAME

• VÉGÉTARIEN • 0% GLUTEN | 30 min PRÉPA | 20 min CUISSON

POUR 8 VERRINES :

Crème de chou-fleur :

300 g de chou-fleur en bouquets
30 g de purée de sésame (tahin)
1 c. à soupe de jus de citron
10 cl de crème fraîche
Sel, poivre

Salade de chou-fleur à la mangue :

100 g de chou-fleur en bouquets
100 g de mangue
1 c. à soupe de jus de citron
3 cl d'huile d'olive
1 c. à café de graines de sésame grillées

1 • Préparation de la crème : cuire les bouquets de chou-fleur dans une casserole d'eau bouillante salée pendant 10 à 20 minutes. Égoutter le chou-fleur une fois fondant et le mixer à l'aide d'un mixeur électrique.

Ajouter dans le bol du mixeur le reste des ingrédients de la crème et mixer jusqu'à l'obtention d'une purée lisse. Vérifier l'assaisonnement et répartir la crème dans 8 verrines. Réserver au frais.

2 • Préparation de la salade : mixer le chou-fleur cru à l'aide d'un mixeur électrique jusqu'à l'obtention d'une semoule grossière. La verser dans un saladier. Ajouter la mangue épluchée et taillée en petits dés, le citron et l'huile d'olive. Bien mélanger.

3 • Finition des verrines : répartir la salade dans les verrines en la dressant sur la crème de chou-fleur. Parsemer chaque verrine de graines de sésame et réserver au frais jusqu'à la dégustation.

CRÈME
DE LENTILLES & SALADE DE FENOUIL AUX NOIX & AUX RAISINS SECS

• VÉGÉTARIEN • 0% GLUTEN
• VEGAN • 0% LACTOSE

30 min PRÉPA 35 min CUISSON

POUR 8 VERRINES :

100 g de lentilles vertes
1 carotte
1 oignon

La crème :

30 g de purée de sésame (tahin)
2 cl d'huile d'olive
2 cl de jus de citron

La salade :

1 bulbe de fenouil
2 c. à soupe de jus de citron
4 c. à soupe d'huile d'olive
30 g de raisins secs
30 g de noix concassées
4 belles tiges d'aneth
Sel, poivre

1 • Cuisson des lentilles : éplucher la carotte et l'oignon puis les ciseler en petits dés. Les verser dans une casserole avec les lentilles et les mouiller avec 40 cl d'eau. Faire bouillir et cuire sur un feu doux à couvert jusqu'à ce que les lentilles soient fondantes (environ 30 minutes). Saler et prolonger la cuisson de 5 minutes.

2 • Préparation de la crème de lentilles : prélever les ¾ des lentilles égouttées et les mixer avec la purée de sésame, le jus de citron et l'huile d'olive dans un mixeur électrique. Vérifier l'assaisonnement et partager la crème de lentilles dans les 8 verrines.

3 • Préparation de la salade : dans un saladier, verser le jus de citron, saler, poivrer et incorporer l'huile d'olive au fouet. Ajouter le restant des lentilles, les noix concassées, le fenouil émincé le plus finement possible (à l'aide d'une mandoline si possible) et les raisins secs légèrement gonflés dans de l'eau tiède puis ensuite égouttés. Bien mélanger le tout, vérifier l'assaisonnement, ajouter l'aneth ciselé (en conserver quelques pluches pour la décoration) et mélanger à nouveau.

4 • Finition des verrines : dresser un peu de salade sur chaque verrine et les décorer avec les pluches d'aneth.

CRÈME
DE TOPINAMBOURS AUX AMANDES & À L'ANANAS

- VÉGÉTARIEN
- VEGAN
- 0% GLUTEN
- 0% LACTOSE

30 min PRÉPA — 35 min CUISSON

POUR 8 VERRINES :

420 g de topinambours
25 cl de lait d'amande
125 g d'oignon
½ ananas
1 c. à soupe d'amandes effilées grillées
1 cl d'huile d'olive
Sel, poivre, piment d'Espelette

1 • Préparation de la crème de topinambours :
Éplucher les topinambours et les émincer en fines lamelles. Éplucher l'oignon et l'émincer finement.

Dans une casserole, verser l'huile d'olive et faire suer l'oignon émincé sur un feu plutôt fort pendant 5 minutes.

Ajouter les lamelles de topinambours, mélanger, mouiller le tout avec le lait d'amande et assaisonner. Monter à ébullition, couvrir la casserole et prolonger la cuisson sur un feu doux jusqu'à ce que les topinambours soient fondants (environ 30 minutes).

Verser la préparation dans le bol d'un mixeur électrique et mixer jusqu'à l'obtention d'une purée homogène.

Vérifier l'assaisonnement et partager la purée dans 8 verrines.

2 • Préparation de l'ananas : éplucher l'ananas et le tailler en petit dés.

3 • Finition des verrines : partager les dés d'ananas entre les 8 verrines, assaisonner le tout avec une petite pointe de piment d'Espelette et parsemer la verrine d'amandes effilées grillées.

PURÉE
DE BETTERAVE & SA COMPOTE DE POMME

- VÉGÉTARIEN
- VEGAN
- 0% GLUTEN
- 0% LACTOSE

20 min PRÉPA 15 min CUISSON

POUR 8 VERRINES :

Purée de betterave :

300 g de betteraves cuites
1 cl de vinaigre de cidre
2,5 cl d'huile d'olive
Sel, poivre

Compote de pomme :

300 g de pommes
1 pincée de sucre

Finition :

1 c. à café de graines de sésame

1 • Préparation de la purée de betterave : éplucher les betteraves, les tailler en cubes et les verser dans le bol d'un mixeur électrique. Ajouter le vinaigre, l'huile d'olive et l'assaisonnement puis mixer le tout jusqu'à l'obtention d'une purée lisse. Partager la purée entre les 8 verrines.

2 • Préparation de la compote de pomme : éplucher les pommes, les épépiner et les tailler en petits dés. Les verser dans une casserole avec un peu d'eau (environ 5 cl) et une pincée de sucre. Les cuire sur un feu plutôt fort jusqu'à ce que les pommes soient fondantes et qu'il n'y ait plus de jus dans la casserole.

Débarrasser la compote dans un bol et la laisser refroidir.

3 • Finition des verrines : dresser un peu de compote de pommes sur chaque purée de betterave et parsemer le tout de graines de sésame. Réserver au frais jusqu'à la dégustation.

Le conseil de Nathalie

Les graines de sésame peuvent être remplacées par des noisettes ou des noix hachées.
Vous pouvez aussi remplacer l'huile d'olive par de l'huile de noix ou de noisettes.

4
BUFFET DE LÉGUMES

PAR

NATHALIE

CHOU-FLEUR
RÔTI

• VÉGÉTARIEN • 0% GLUTEN | 10min PRÉPA | 1h CUISSON

POUR 4 PERSONNES :

1 petit chou-fleur
25 g de beurre
2 cl d'huile d'olive
1 belle pincée de curry
Sel

1 • Cuisson du chou-fleur :

Préchauffer le four à 180°C (th. 6).

Retirer la moitié des feuilles supérieures du chou-fleur de façon à découvrir les sommités du chou-fleur.

Faire bouillir une casserole d'eau légèrement salée. Cuire le chou-fleur, les feuilles vertes dessous, dans l'eau bouillante pendant 5 minutes, l'égoutter et le déposer dans un plat creux juste un peu plus grand que le chou-fleur. Le napper avec le curry, le beurre et l'huile d'olive. Le saler et le glisser dans le four chaud (180°C).

Cuire le chou-fleur pendant environ une heure en l'arrosant régulièrement du jus de cuisson. Stopper la cuisson quand le chou-fleur est bien doré et fondant.

2 • Service :

Dresser le chou-fleur tiède dans un joli plat et l'accompagner d'un pesto ou d'un houmous.

Chacun pique une sommité de chou-fleur et la trempe dans la sauce d'accompagnement.

CONFIT
DE LÉGUMES ESTIVAUX AUX POIS CHICHES & SA SALADE DE POIVRONS ROUGES AUX FINES HERBES

• VÉGÉTARIEN • 0% GLUTEN
• VEGAN • 0% LACTOSE

40 min PRÉPA — 50 min CUISSON

POUR 8 PERSONNES :

Le confit :

500 g de courgettes
500 g d'aubergines
150 g d'oignons
15 cl d'huile d'olive
1 belle pincée de thym (ou d'origan)
1 c. à café de cumin en graines
350 g de pois chiches égouttés et cuits
Sel, piment d'Espelette

La salade :

300 g de poivrons rouges
1 botte de persil plat
½ botte de coriandre
½ botte de menthe
2 cl de jus de citron
6 cl d'huile d'olive
1 gousse d'ail
Sel, piment d'Espelette

1 • Préparation du confit :

Préchauffer le four à 220°C (th. 7).

Éplucher une fois sur deux les courgettes et les aubergines. Les tailler en dés (environ 1 cm) et les verser dans un plat à gratin. Éplucher et ciseler finement les oignons et les ajouter aux légumes.

Napper le tout avec 10 cl d'huile d'olive, parsemer avec le thym et le cumin et assaisonner avec le sel et le piment d'Espelette. Bien mélanger et glisser le plat au four. Cuire jusqu'à ce que les légumes soient fondants (environ 40 minutes).

Ajouter les pois chiches, 10 cl d'eau et 5 cl d'huile d'olive, bien mélanger et prolonger la cuisson de 10 minutes. Sortir le plat du four et le laisser refroidir.

2 • Préparation de la salade :

Retirer le pédoncule du poivron, l'ouvrir, l'épépiner et le tailler en petits dés (2 mm^3).

Verser les dés dans un saladier. Ciseler finement toutes les herbes ainsi que l'ail et verser le tout dans le saladier des poivrons.

Assaisonner et mélanger avec le jus de citron et l'huile d'olive.

3 • Finition : quand le confit est tempéré, le napper avec la salade. C'est prêt !

SALADE
D'AUBERGINE AU FREEKEH

• VÉGÉTARIEN • 0% LACTOSE
• VEGAN

40 min PRÉPA 35 min CUISSON

POUR 6 PERSONNES :

300 g d'aubergines
200 g de concombre
200 g de tomates cerises
200 g de tomates
75 g de freekeh (blé vert fumé vendu en épicerie orientale)
1 c. à soupe rase de zaatar
1 petite botte persil plat
3 cl de jus de citron
5 cl d'huile d'olive
+ 2 cl pour la finition
Sel, poivre

1 • Préparation de la salade :

Préchauffer le four à 220°C (th. 7).

Éplucher une fois sur deux les aubergines et les tailler en petits dés. Les verser dans un plat à gratin, les saler, les parsemer de zaatar et les napper d'huile d'olive. Bien mélanger.

Les cuire pendant 30 minutes dans le four à 220°C.

Laver les tomates cerises, les couper en quatre, les ajouter en fin de cuisson des aubergines et poursuivre la cuisson durant 5 minutes.

Débarrasser la préparation dans un saladier et laisser refroidir.

2 • Préparation du freekeh : rincer le freekeh sous l'eau froide jusqu'à ce que l'eau soit claire. Le cuire dans de l'eau bouillante légèrement salée pendant 40 minutes. L'égoutter, le laisser refroidir et l'ajouter aux aubergines.

3 • Finition de la salade : éplucher le concombre une fois sur deux, le couper en deux dans le sens de la longueur, l'épépiner, le tailler en lamelles et les verser dans la préparation précédente.

Laver les tomates, retirer les pédoncules et les tailler en petits dés. Les ajouter à la préparation.

Ciseler finement les feuilles de persil, les ajouter à la préparation, verser le jus de citron, le restant d'huile d'olive, assaisonner et bien mélanger le tout. Vérifier l'assaisonnement et servir la salade tempérée.

Le conseil de Nathalie

Le freekeh n'est pas toujours simple à trouver. Vous pouvez le remplacer par un boulgour mais par contre, il n'apportera pas le goût fumé que possède le freekeh.

Quant au zaatar (mélange de thym, sumac et sésame), si vous n'arrivez pas à en trouver, remplacez-le juste par une belle pincée de thym, des graines de sésame et une cuillerée à soupe rase de sumac !

SALADE
D'AUBERGINE AU YAOURT & À LA MENTHE

• VÉGÉTARIEN • 0% GLUTEN | 40 min PRÉPA | 40 min CUISSON

POUR 8 PERSONNES :

750 g d'aubergines
2 gousses d'ail
160 g de concombre
150 g de tomates cerises
350 g de melon
10 beaux radis
8 cl d'huile d'olive
7 cl d'eau
45 cl de yaourt brassé (ou lait ribot)
1 botte de menthe + quelques pointes pour la finition
1 botte de ciboulette
1 c. à soupe de sésame torréfié
3 c. à soupe de jus de citron (environ 1 citron pressé)
Sel, poivre

1 • Cuisson des aubergines :

Préchauffer le four à 220°C (th. 7).

Éplucher les aubergines, les couper en petits dés (5 mm^3) et les étaler sur la plaque du four. Hacher les gousses d'ail épluchées, les ajouter aux aubergines et napper le tout avec l'huile d'olive et 7 cl d'eau. Assaisonner, mélanger et glisser la plaque dans le four très chaud (environ 220°C). Prolonger la cuisson pendant environ 30 à 40 minutes jusqu'à ce que les aubergines soient fondantes. Laisser refroidir les aubergines après la cuisson.

2 • Préparation des autres légumes : éplucher le concombre une fois sur deux, le couper en deux dans le sens de la longueur, l'épépiner et le tailler en petits dés (5 mm^3). Laver les radis et les tailler en petits dés (3 mm^3).Tailler les tomates cerises en quatre. Éplucher le melon (5 mm^3), le couper en deux, l'épépiner et le tailler en petits dés.

Mélanger le tout dans un saladier. Ajouter la menthe finement ciselée, le jus de citron, le sel, le poivre et le yaourt. Mélanger à nouveau et vérifier l'assaisonnement. Réserver au frais.

3 • Finition de la salade : ajouter les aubergines refroidies au reste de la salade. Bien mélanger. Verser le tout dans un joli saladier. Parsemer de sésame et de ciboulette ciselée puis décorer avec quelques pointes de menthe.

Le conseil de Nathalie

Vous pouvez compléter cette salade avec des langoustines ou des crevettes décortiquées ou bien des dés de saumon fumé. Vous pouvez remplacer le sésame par du gomasio (mélange de sel et de sésame) mais dans ce cas, ne salez pas la salade (sauf les aubergines).

PRESSÉ
DE BETTERAVE, TOPINAMBOUR & FROMAGE DE CHÈVRE À LA NOISETTE

• VÉGÉTARIEN • 0% GLUTEN

30 min PRÉPA 20 min CUISSON

POUR UN CERCLE D'ENVIRON 20 CM DE DIAMÈTRE :

200 g de betterave cuite
250 g de topinambours
130 g de fromage de chèvre frais
1 c. à café de miel
1 c. à soupe de noisettes torréfiées et concassées
2 c. à soupe d'huile d'olive
2 c. à soupe de vinaigre balsamique
Sel, poivre

1 • Préparation des topinambours : éplucher les topinambours, les laver et les laisser cuire dans l'eau légèrement salée (départ eau froide) jusqu'à ce qu'ils soient fondants (environ 20 minutes). Les laisser refroidir.

2 • Montage du pressé : émincer les topinambours en fines rondelles. Les étaler à l'intérieur d'un cercle à pâtisserie posé sur une assiette.

Les napper avec une cuillerée à soupe d'huile de noisette et une cuillerée à soupe de vinaigre balsamique.

Les tartiner avec le fromage de chèvre et poivrer légèrement.

Éplucher les betteraves et les émincer en fines rondelles. Les étaler sur le fromage, assaisonner comme les topinambours et les parsemer avec les noisettes.

Réserver au frais au moins 30 minutes.

3 • Dressage : retirer le cercle autour du pressé, verser un trait de miel sur le pressé et le présenter ainsi sur le buffet. Découper le pressé délicatement comme une tarte.

Le conseil de Nathalie

Vous pouvez prévoir un saladier de mâche pour accompagner cette recette.

TABOULÉ
AU WAKAMÉ

• VÉGÉTARIEN • 0% LACTOSE
• VEGAN

30 min PRÉPA

POUR 8 PERSONNES :

200 g de boulgour à grains fins
60 g de wakamé (conservé au frais dans du sel)
360 g de tomates mûres (ou tomates cerises) + 2 ou 3 tomates pour la décoration
Une douzaine de feuilles de menthe + quelques feuilles pour la décoration
½ botte de persil + quelques feuilles pour la décoration
40 g d'oignon blanc
12 c. à soupe d'huile d'olive
6 c. à soupe de jus de citron
Sel, piment d'Espelette

1 • Préparation des légumes :

À préparer 4 heures avant la dégustation.

Dans un saladier, verser le boulgour et le recouvrir avec de l'eau très chaude. Le laisser tremper 15 minutes et l'égoutter en le pressant pour retirer le maximum d'eau. Rincer le wakamé dans de l'eau froide pour le dessaler. Une fois dessalé, le hacher finement au couteau et l'ajouter au boulgour dans un saladier. Bien mélanger les deux ingrédients.

Couper en deux les tomates, les épépiner et les tailler en tout petits dés. Les ajouter dans le saladier.

Éplucher les oignons et les ciseler le plus finement possible. Les ajouter dans le saladier avec la menthe et le persil finement ciselés.

Mélanger le tout en incorporant l'assaisonnement, le jus de citron et l'huile d'olive. Vérifier l'assaisonnement.

Réserver au frais au moins 3 heures avant la dégustation.

2 • Dressage : verser le taboulé dans un joli saladier et décorer le plat avec les feuilles de menthe, de persil et quelques quartiers de tomates.

TARTE
AUX OIGNONS NOUVEAUX, AU FROMAGE DE CHÈVRE & AUX ALGUES

• VÉGÉTARIEN — 45 min PRÉPA — 50 min CUISSON

POUR 6 PERSONNES :

La pâte brisée :

200 g de farine
100 g de beurre froid
10 cl env. d'eau froide

La garniture :

20 g de beurre
2 bottes d'oignons nouveaux
125 g de tomates cerises
100 g de fromage de chèvre ½ sec
1 c. à soupe de mélange d'algues déshydratées
3 œufs
25 cl de crème fraîche
Sel, poivre

1 • Préparation de la pâte brisée : dans un saladier, faire une fontaine avec la farine. Mettre le beurre froid coupé en petits morceaux au centre.

Mélanger le beurre et la farine avec les doigts de façon à ce que tous les grains de farine soient enrobés de beurre.

Y incorporer l'eau froide en travaillant la pâte le plus rapidement possible jusqu'à l'obtention d'une boule.

Laisser reposer la pâte au frais pendant 1 heure.

2 • Préparation de la garniture : retirer les tiges vertes des oignons et laver le reste. Émincer finement les oignons. Dans une casserole, verser le beurre et ajouter les oignons. Les cuire à feu doux à couvert jusqu'à ce qu'ils soient fondants (environ 15 minutes). Assaisonner et réserver.

Laver les tomates et les tailler en deux. Tailler le fromage de chèvre en petits dés.

3 • Préparation de l'appareil à quiche : dans un saladier, mélanger au fouet les œufs avec la crème, saler et poivrer. Réserver.

4 • Cuisson de la tarte :

Préchauffer le four à 200°C (th. 7).

Étaler la pâte avec un rouleau et la disposer dans le moule à tarte. La recouvrir de papier (aluminium ou sulfurisé) lui-même recouvert d'un poids comme des légumes secs ou des poids en acier afin que la tarte ne gonfle pas en précuisant.

La glisser dans le four chaud (200°C) pendant 20 minutes. Sortir le fond de tarte du four et retirer le papier et les poids.

Étaler sur le fond de tarte les oignons, les parsemer avec les algues, le fromage de chèvre et les tomates. Verser l'appareil à quiche et glisser la tarte dans un four chaud (200°C). Cuire la tarte jusqu'à ce qu'elle soit dorée (environ 30 minutes).

5 • Service : la déguster tiède.

TARTE
À LA COURGETTE AU RAZ EL-HANOUT

• VÉGÉTARIEN | 45 min PRÉPA | 1 h CUISSON

POUR 8 PERSONNES :

La pâte à tarte :

250 g de farine
125 g de beurre froid
12 cl env. d'eau froide

La garniture :

600 g de courgettes
350 g de pommes
1 c. à soupe de raz el-hanout
4 œufs
25 cl de crème
1 botte de coriandre
Sel, poivre

1 • Préparation de la pâte à tarte : verser la farine dans un saladier avec le beurre (froid et dur) coupé en petits dés. Travailler la pâte jusqu'à la formation d'un sable grossier et ajouter de l'eau froide petit à petit jusqu'à la formation d'une boule. Laisser reposer la pâte au moins 1 heure au réfrigérateur.

Préchauffer le four à 200°C (th. 7).

2 • Préparation de la garniture : éplucher les pommes et éplucher une fois sur deux les courgettes. Les râper (comme des carottes râpées) et les saler. Les laisser dégorger au frais pendant 1 heure.

Égoutter les pommes et les courgettes en les pressant avec les mains et les mélanger aux œufs, à la crème, au raz el-hanout et à la coriandre ciselée. Saler, poivrer et réserver.

3 • Cuisson du fond de tarte : étaler la pâte et la disposer dans un grand moule à tarte.

La recouvrir d'une feuille de papier sulfurisé et verser par dessus des pois secs pour éviter que la pâte gonfle.

Glisser le plat à tarte dans le four (200°C) pendant 30 minutes. Ensuite, le sortir et retirer délicatement le papier avec les pois.

4 • Finition de la tarte : verser la garniture dans le fond de tarte et cuire la tarte dans un four à 200°C jusqu'à ce que la tarte soit dorée et la garniture cuite (environ 30 minutes).

5 • Dressage : servir la tarte tiède ou tempérée.

Le conseil de Nathalie

Cette tarte accompagne très bien un émincé de saumon fumé.

TARTINE
À L'AVOCAT

• VÉGÉTARIEN | 30 min PRÉPA | 9 min CUISSON

POUR 4 BELLES TARTINES :

4 œufs
2 avocats mûrs
50 g de feta
2 cl d'huile d'olive pour l'avocat + 2 cl pour les tomates
2 cl de jus de citron
200 g de tomates (ou tomates cerises)
½ botte de ciboulette
½ botte de coriandre
4 belles tartines de pain de campagne
Sel, piment d'Espelette

1 • **Préparation :** mettre les œufs dans une casserole d'eau bouillante légèrement salée et les cuire sur un feu moyen pendant 9 minutes.

Les égoutter et les refroidir sous l'eau froide pour stopper la cuisson.

Couper les avocats en deux, retirer le noyau et la peau puis les tailler en dés. Les écraser à la fourchette en ajoutant l'huile d'olive, le jus de citron et la feta coupée en dés. Assaisonner généreusement.

Tailler les tomates en petits dés, les verser dans un saladier avec la ciboulette et la coriandre ciselées et l'huile d'olive. Bien mélanger en assaisonnant légèrement.

Toaster les tartines. Les recouvrir avec l'écrasée d'avocat et déposer dessus les œufs durs écalés coupés en quartiers ainsi que la salade de tomates.

2 • **Dégustation :** déposer les tartines sur un joli plat et déguster sans trop tarder.

Le conseil de Nathalie

Cette préparation trouve vraiment sa place pour un buffet « brunch ».

N'hésitez pas à remplacer les tomates par des tomates cerises si vos tomates ne sont pas assez mûres ou manquent de parfum.

PETIT ROULEAU
DE COURGETTE À LA CRÈME AU POIVRON ROUGE & À LA NOIX

- VÉGÉTARIEN
- VEGAN
- 0% GLUTEN
- 0% LACTOSE

10 min PRÉPA — 1 min CUISSON

POUR UNE VINGTAINE DE ROULEAUX :

1 courgette de 300 g

1 tasse de crème au poivron rouge et à la noix (voir recette page 54) cuisinée avec 250 g de poivron rouge

Gros sel

Préparation :

Éplucher et laver la courgette. Tailler à l'aide d'une râpe à légumes sur toute la longueur de fines lamelles de deux centimètres de large.

Faire bouillir une grande casserole d'eau salée, verser les lamelles de courgette et les retirer de l'eau dès la reprise de l'ébullition. Les refroidir sous l'eau froide et bien les égoutter.

Tartiner légèrement chaque lamelle de courgette avec la préparation au poivron et former des petits rouleaux tenus grâce à un pique-olives.

Les disposer joliment dans une assiette et servir bien frais.

PETIT ROULEAU
DE POIREAU À LA RILLETTE DE POISSON

- 0% GLUTEN

10 min PRÉPA — 5 min CUISSON

POUR UNE VINGTAINE DE ROULEAUX :

1 beau poireau

125 g de rillettes de poisson

Gros sel

Préparation :

Retirer la partie verte foncée du poireau ainsi que la base avec les filaments de la racine. Tailler le poireau sur la longueur de façon à former des bandes de poireau et les laver.

Faire bouillir une casserole d'eau salée et verser les bandes de poireau. Les cuire jusqu'à ce que le poireau devienne fondant (3 à 5 minutes). Les égoutter et les refroidir sous l'eau froide.

Étaler les bandes de poireau en les superposant par deux. Les tartiner sur toute la longueur d'une fine couche de rillettes de poisson.

Rouler le poireau et dresser les rouleaux sur une jolie assiette. Réserver au frais jusqu'à la dégustation.

PETIT ROULEAU
DE CAROTTE AU HOUMOUS

- VÉGÉTARIEN
- VEGAN
- 0% GLUTEN
- 0% LACTOSE

10 min PRÉPA   1 min CUISSON

POUR UNE VINGTAINE DE ROULEAUX :

2 belles carottes
150 g de houmous (voir recette page 42)
1 c. à café de graines de sésame
Gros sel

Préparation :

Pour la préparation des carottes, procéder comme pour les courgettes mais remplacer la préparation de poivron rouge par du houmous et parsemer les rouleaux de graines de sésame.

Les disposer joliment dans une assiette et servir bien frais.

CROQUE
CONCOMBRE AU CHÈVRE FRAIS & AU TARTARE D'ALGUES

- VÉGÉTARIEN
- 0% GLUTEN

10 min PRÉPA

POUR UNE VINGTAINE DE "CROQUES" :

1 concombre plutôt long et fin
1 chèvre frais de 150 g
1 pot de tartare d'algues de 125 g

Préparation :

Laver le concombre, le couper en deux dans le sens de la longueur. Retirer les pépins à l'intérieur à l'aide d'une petite cuillère.

Tartiner l'intérieur du concombre avec le fromage de chèvre frais et napper le tout de tartare d'algues. Tailler des tronçons de la grandeur d'une bouchée et les disposer dans un joli plat de présentation. Réserver au frais jusqu'à la dégustation.

5
BUFFET DE LA MER

PAR

NATHALIE

TARTE
À LA COURGETTE, À LA RHUBARBE & AU ROUGET

1h PRÉPA 50min CUISSON

POUR 8 PERSONNES :

La pâte à tarte :
pour un moule de 30 cm de diamètre

250 g de farine
125 g de beurre
Env. 12 cl d'eau

La garniture :

700 g de courgette
200 g de rhubarbe
4 cl d'huile d'olive
1 c. à soupe rase de cumin en poudre
600 g de rougets
3 œufs
25 cl de crème fraîche
Sel, poivre

1 • Préparation et cuisson du fond de tarte :

Dans un saladier, verser la farine et le beurre coupé en petits morceaux. Travailler la pâte jusqu'à l'obtention d'un sable grossier. Verser l'eau froide petit à petit jusqu'à l'obtention d'une boule. Laisser reposer la pâte au frais durant 1 h.

Préchauffer le four à 220°C (th. 7).

Étaler la pâte au rouleau et la déposer délicatement dans le moule à tarte. La recouvrir d'une feuille de papier sulfurisé, elle-même recouverte de haricots secs ou lentilles (afin d'éviter le gonflement de la pâte en pré-cuisson). La glisser dans le four très chaud (220°C) pendant 20 minutes. Sortir la pâte du four et retirer le papier avec les pois. Réserver.

2 • Préparation de la garniture :

Laver les courgettes, les éplucher une fois sur deux (surtout si la peau est amère) et les tailler en dés (environ 1 cm^3).

Éplucher la rhubarbe et la tailler en dés (1 cm^3).

Lever les rougets en filets, les désarrêter et les tailler en lamelles d'environ 2 cm.

Dans une grande poêle chaude, verser l'huile d'olive et faire revenir sur un feu vif les courgettes et la rhubarbe. Assaisonner et les cuire jusqu'à ce qu'elles commencent à dorer et devenir fondantes (environ 10 minutes). Égoutter la garniture cuite et l'étaler sur le fond de tarte précuit.

Disposer les lamelles de poisson sur la préparation. Assaisonner et parsemer le tout de cumin. Fouetter les œufs avec la crème, saler, poivrer et verser le tout sur la garniture.

3 • Finition : enfourner la tarte dans le four chaud (environ 200°C) et cuire jusqu'à ce qu'elle soit dorée (entre 20 et 30 minutes).

4 • Dressage : servir la tarte tiède avec une belle salade verte.

Le conseil de Nathalie

Vous pouvez remplacer le rouget par du maquereau ou du chinchard.

TORTILLA
À LA COURGETTE & AU THON

• 0% GLUTEN | 20 min PRÉPA | 25 min CUISSON

POUR 1 TORTILLA (25 CM DE DIAMÈTRE) :

6 œufs
1 bel oignon blanc (env. 150 g)
1 courgette (env. 170 g)
2 cl d'huile d'olive
20 g de beurre
1 boîte de thon au naturel
1 pincée de thym
Sel, poivre

1 • Préparation de la garniture : éplucher l'oignon et le ciseler. Dans une poêle (25 cm de diamètre), faire suer sur un feu plutôt fort l'oignon dans l'huile d'olive pendant environ 5 minutes tout en mélangeant.

Éplucher une fois sur deux la courgette et la couper en petit dés (environ 8 mm³).

La verser dans la poêle avec l'oignon et prolonger la cuisson sur un feu plutôt fort jusqu'à ce que la courgette devienne fondante (environ 15 minutes). Mélanger régulièrement.

Égoutter le thon, l'émietter et l'ajouter à la fondue de courgette avec le thym.

Battre les œufs avec un peu de sel et de poivre.

2 • Confection de l'omelette :

Préchauffer le four à 180°C (th. 6).

Ajouter le beurre dans la poêle, mélanger et verser les œufs dans la garniture toujours sur un feu plutôt fort.

Mélanger délicatement à l'aide d'une spatule des bords vers le centre. Quand la tortilla commence à épaissir, glisser la poêle dans le four chaud (180°C) et prolonger la cuisson jusqu'à ce que la tortilla devienne moelleuse (environ 5 minutes).

La démouler à la sortie du four sur un joli plat, la couper en « carré » et la déguster plutôt tiède, voire tempérée.

ŒUFS
"MIMOSA" AUX SARDINES

• 0% GLUTEN
• 0% LACTOSE

20 min PRÉPA 9 min CUISSON

POUR 12 ŒUFS "MIMOSA" :

6 œufs
1 boîte de sardines à l'huile d'olive (115 g)
½ botte de persil
1 jaune d'œuf
25 cl d'huile de tournesol
1 c. à café bombée de moutarde de Dijon
1 c. à soupe de vinaigre de vin
Sel, piment d'Espelette

1 • **Cuisson des œufs :** faire bouillir de l'eau dans une casserole et plonger les œufs dans l'eau bouillante. Les cuire 9 minutes à légers frémissements. Les égoutter et les refroidir aussitôt sous l'eau froide pour arrêter la cuisson. Les écaler et les couper en deux dans le sens de la longueur. Retirer les jaunes d'œufs et les débarrasser dans un saladier. Étaler les blancs d'œufs sur une assiette.

2 • **Préparation de la mayonnaise :** dans un saladier, verser le jaune d'œuf cru, la moutarde, le vinaigre et le sel. Mélanger au fouet et ajouter l'huile tout doucement (surtout au début pour faire prendre la mayonnaise) tout en fouettant. Dès que la mayonnaise commence à prendre, rajouter plus rapidement le reste de l'huile. Vérifier l'assaisonnement. Réserver.

3 • **Préparation de la garniture :** ciseler le persil le plus finement possible. Égoutter les sardines, les désarrêter et les émietter. Émietter les jaunes d'œufs cuits à l'aide d'une fourchette.

Ajouter dans la mayonnaise, les sardines, le persil, les jaunes d'œufs émiettés et un peu de piment d'Espelette. Bien mélanger le tout à l'aide d'un fouet et rectifier l'assaisonnement si nécessaire.

4 • **Finition :** à l'aide d'une cuillère, farcir chaque blanc d'œuf avec la mayonnaise à la sardine. Ne pas hésiter à bien les remplir. Déposer les œufs « mimosa » sur une jolie assiette et réserver au frais jusqu'à la dégustation. Verser le restant de mayonnaise dans un joli bol et le proposer pour accompagner des crudités. Le réserver aussi au frais jusqu'à la dégustation.

Le conseil de Nathalie

Les œufs « mimosa » remportent toujours un franc succès sur un buffet. Vous pouvez les proposer nature (sans la sardine) ou remplacer les sardines à l'huile par du thon à l'huile.

SALADE
DE POMMES DE TERRE & TOMATES & SA SAUCE À LA SARDINE

• 0% GLUTEN | 30 min PRÉPA | 30 min CUISSON

POUR 6 PERSONNES :

700 g de pommes de terre à chair ferme
1 botte de persil
750 g de tomates mûres
1 jaune d'œuf
1 c. à café de moutarde forte
1 c. à café de vinaigre de vin
1 petite boite de sardine à l'huile d'olive (115 g)
50 g de parmesan râpé
3 cl d'huile d'olive
10 cl d'huile de tournesol (sans odeur) ou pépin de raisin
Gros sel, sel, poivre

1 • **Préparation des légumes :** laver les pommes de terre et les cuire à l'eau légèrement salée jusqu'à ce qu'elles soient fondantes. Les laisser légèrement refroidir une fois cuites.

Laver les tomates, retirer les pédoncules et les émincer en fines rondelles. Éplucher les pommes de terre et les couper en petits dés.

2 • **Préparation de la mayonnaise :** dans un bol, verser le jaune d'œuf avec la moutarde, le vinaigre et l'assaisonnement et verser petit à petit l'huile de tournesol tout en fouettant vigoureusement jusqu'à l'obtention d'une mayonnaise.

Ajouter le parmesan, les sardines effeuillées, le persil ciselé et les dés de pomme de terre. Mélanger et vérifier l'assaisonnement.

3 • **Dressage :** dans un joli plat, étaler les rondelles de tomate et dresser au centre un dôme de salade de pomme de terre.

Verser un trait d'huile d'olive sur les tomates.

Le conseil de Nathalie

Vous pouvez remplacer les sardines par un tartare d'algues, c'est aussi délicieux.

FONDUE
DE CHOU POINTU À LA GRECQUE & SES LANGOUSTINES

• 0% GLUTEN
• 0% LACTOSE

40 min PRÉPA   35 min CUISSON

POUR 6 PERSONNES :

1 kg de langoustines
1 chou pointu ou chou nouveau ou chou de Lorient (env. 500 g)
1 bel oignon (env. 200 g)
1 gousse d'ail
1 bouquet garni (thym, laurier, queue de persil, feuille céleri)
10 cl de vin blanc
1 c. à soupe de jus de citron
12 cl d'eau
1 pincée de graines de coriandre
3 cl d'huile d'olive
30 g de raisins secs
Gros sel, sel, poivre

1 • Cuisson des langoustines : faire bouillir une grande casserole d'eau salée. Verser les langoustines dans l'eau bouillante, couvrir la casserole jusqu'à la reprise d'ébullition et égoutter les langoustines.

Les laisser refroidir légèrement, les décortiquer et réserver les corps au frais.

2 • Préparation des légumes : éplucher l'oignon, le laver et le ciseler finement. Éplucher l'ail et hacher la gousse.

Dans une cocotte, verser l'huile d'olive et y jeter l'oignon et l'ail. Les faire suer sur un feu plutôt fort pendant environ 5 minutes tout en mélangeant jusqu'à ce qu'ils commencent à colorer.

Pendant ce temps-là, émincer finement le chou, le laver et l'ajouter dans la cocotte. Mélanger et mouiller avec le vin blanc, le jus de citron et un verre d'eau (environ 12 cl).

Ajouter le bouquet garni, les graines de coriandre légèrement torréfiées et concassées, saler et poivrer.

Monter le tout à ébullition et cuire à couvert sur un feu doux pendant environ 30 minutes jusqu'à ce que le chou soit fondant. Mélanger de temps en temps en cours de cuisson et ajouter un peu d'eau si la préparation est trop sèche.

Verser en fin de cuisson les raisins secs lavés et prolonger la cuisson de 5 minutes.

3 • Dressage : verser la préparation dans un joli plat creux, retirer le bouquet garni et la laisser refroidir.

Parsemer les corps de langoustine sur la fondue de chou et réserver jusqu'à la dégustation.

SARDINES
MARINÉES AU VINAIGRE DE CIDRE

• 0% GLUTEN
• 0% LACTOSE

20 min PRÉPA 5 min CUISSON 3 h MARINADE

POUR UNE ASSIETTE :

6 sardines (environ 300 g de sardines)
5 cl de vinaigre de cidre
5 cl d'eau
35 g de sucre
½ citron
5 grains de poivre
Sel

1 • **Préparation des sardines :** bien écailler les sardines sous un filet d'eau bien froide. Retirer délicatement avec les doigts les arêtes, les entrailles et la tête en partant de la tête vers la queue de la sardine.

Étaler les sardines ouvertes et désarrêtées sur la planche et retirer avec un petit couteau l'arête dorsale entre les deux filets. Saler les filets et les déposer bien à plat les uns à côté des autres dans un plat creux.

2 • **Préparation de la marinade :** verser dans une casserole le vinaigre, l'eau, le sucre, le poivre et le zeste d'un demi-citron prélevé à l'aide d'un couteau "économe.

Monter le tout à ébullition et prolonger la cuisson environ 3 minutes jusqu'à ce que le sucre soit bien dissous.

3 • **Finition :** verser la marinade bouillante sur les sardines et laisser mariner les sardines pendant au moins 3 heures (au frais) avant la dégustation.

Servir frais et accompagner les sardines avec une crème au concombre ou un caviar d'aubergine.

FILETS
DE ROUGETS
MARINÉS À LA TOMATE

• 0% GLUTEN
• 0% LACTOSE

1h PRÉPA 10 min CUISSON

POUR 4 PERSONNES :

700 g de rougets barbets
(soit 350 g de filets levés sans arête)
300 g de tomates
3 cl d'huile d'olive
5 cl de vin blanc sec
5 cl d'eau
1 gousse d'ail
1 belle pincée de thym
1 belle pincée de piment d'Espelette
1 petite botte de persil
Sel

1 • **Préparation des légumes :** retirer les pédoncules des tomates et les entailler légèrement à l'opposé du pédoncule.

Les verser 10 secondes dans une casserole d'eau bouillante, les égoutter, les refroidir sous l'eau froide et les éplucher. Les couper en deux, les épépiner et les tailler en petits dés.

Éplucher la gousse d'ail, retirer le germe au centre et hacher finement le reste.

Ciseler finement le persil et réserver au frais.

2 • **Préparation des rougets :** dans une grande poêle chaude, sur un feu plutôt fort, verser l'huile d'olive et poser les filets de rougets côté peau dessous. Saisir les filets de rougets, les assaisonner et les cuire jusqu'à ce que la chair sur le dessus commence à blanchir. Retirer la poêle du feu et déposer les filets côté peau dessus dans un plat creux.

Verser les dés de tomates, l'ail et le thym dans la poêle non dégraissée et cuire le tout sur un feu plutôt fort en mélangeant pendant 2 à 3 minutes.

Mouiller le tout avec le vin blanc et l'eau. Puis prolonger la cuisson à nouveau pendant 2 à 3 minutes. Assaisonner avec le sel et le piment d'Espelette puis verser le tout sur les filets de rougets. Laisser refroidir et réserver au frais au moins 3 heures avant la dégustation.

3 • **Dressage :** parsemer le tout de persil ciselé avant le service.

TARTARE
DE LIEU JAUNE À LA BETTERAVE & À LA POMME

- 0% GLUTEN
- 0% LACTOSE

30 min PRÉPA

POUR 6 PERSONNES :

300 g de filets de lieu jaune
200 g de betteraves rouges cuites
100 g de pomme
3 c. à soupe de vinaigre de cidre
3 c. à soupe de d'huile de noisette
3 c. à soupe de d'huile d'olive
3 c. à soupe de sirop d'érable
1 botte de ciboulette ciselée
1 belle pincée de noisettes concassées
Sel, poivre

Préparation :

Éplucher les betteraves et les tailler en petits dés (2 mm^3). Éplucher la pomme et la tailler en petits dés (2 mm^3).

Tailler finement le poisson en dés (3 mm^3).

Verser tous les ingrédients dans un saladier, mélanger le tout, vérifier l'assaisonnement et réserver au frais jusqu'à la dégustation.

POISSON
EN "GRAVLAX"

- 0% GLUTEN
- 0% LACTOSE

15min PRÉPA

POUR 1 FILET DE POISSON DE 500 G AVEC LA PEAU ÉCAILLÉE :

50 g de sucre
50 g de sel
1 botte d'aneth
1 belle pincée de piment d'Espelette

1 • **Préparation du poisson** : mélanger le sucre, le sel et le piment dans un saladier. Ciseler la moitié de l'aneth et l'ajouter au mélange.

Dans un plat creux, verser la moitié de la marinade et poser dessus le filet de poisson, peau vers le bas. Étaler le reste de la marinade sur le dessus du filet en tapotant pour bien repartir le mélange.

Filmer la préparation et la réserver au frais pendant 24 heures.

2 • **Finition du "gravlax"** : retirer le poisson de la marinade, le rincer très rapidement sous l'eau froide et le sécher en le tapotant avec un torchon propre ou du papier absorbant.

Parsemer le filet de poisson avec le reste d'aneth ciselé et le détailler en tranches fines.

Le déguster avec des crèmes à base de yaourt ou de lait ribot ou de fromage blanc.

Le conseil de Nathalie

Le « gravlax » est traditionnellement préparé avec du saumon mais cette recette s'adapte très bien avec certains poissons pêchés sur nos côtes bretonnes comme le mulet, le bar, le lieu jaune voire même le maquereau ou le chinchard.

MOULES
AUX PETITS POIS & AU BASILIC

• 0% GLUTEN
• 0% LACTOSE

45 min PRÉPA 10 min CUISSON

POUR 2 BELLES ASSIETTES (ENVIRON 50 BELLES MOULES) :

750 g de moules
(« moules de cordes » de préférence car elles sont souvent plus grosses que les « moules de bouchot »)

10 cl de vin blanc

Les petits pois au basilic :

500 g de petits pois (environ 200 g écossés)

1 botte de basilic

La sauce :

1 jaune d'œuf

1 c. à café de moutarde

1 c. à café de vinaigre de vin

15 cl d'huile de pépin de raisin

6 cl de jus de moules
conservé après la cuisson des moules

Sel

1 • **Cuisson des moules :** ébarber les moules, les laver et les verser dans une casserole avec le vin blanc. Couvrir la casserole. Mettre la casserole sur un feu fort et cuire les moules jusqu'à leur ouverture en les mélangeant de temps en temps.

Une fois cuites, les égoutter dans un plat et conserver le jus au frais. Décortiquer les moules en gardant la coquille creuse qui porte l'animal et les disposer joliment dans un plat.

Réserver au frais.

2 • **Cuisson des petits pois :** écosser les petits pois. Cuire les petits pois dans une casserole d'eau bouillante salée jusqu'à ce qu'ils deviennent fondants (environ 5 minutes). Les égoutter et les refroidir sous l'eau rapidement.

Effeuiller le basilic et le ciseler.

3 • **Préparation de la sauce :** dans un bol, verser le jaune d'œuf, la moutarde, le vinaigre et saler légèrement.

Fouetter le tout en ajoutant petit à petit l'huile (surtout au début tant que l'émulsion n'est pas prise) et ensuite le jus de moule, jusqu'à ce que la sauce soit onctueuse (plus ou moins 6 cl de jus).

Vérifier l'assaisonnement et réserver au frais.

4 • **Dressage :** dans chaque coquille qui a été disposée sur un joli plat, verser les petits pois sur les moules et parsemer le tout de basilic.

Napper le tout avec la sauce et déguster sans tarder.

Le conseil de Nathalie

Chez nous, dans le Morbihan, les moules de cordes de Groix correspondent très bien à la recette !

HUÎTRE
FROIDE SUR SA FONDUE DE POIREAU À LA POMME

• 0% GLUTEN
• 0% LACTOSE

30 min PRÉPA 5 min CUISSON

POUR 12 HUÎTRES N°2 :

1 petit poireau
1 pomme plutôt acidulée
1 c. à café d'huile de noix
1 cl de vinaigre de cidre
2 cl de jus d'huître
½ botte de ciboulette
Gros sel, poivre

1 • **Ouverture des huîtres :** maintenir l'huître dans le creux de la main, la charnière dirigée vers soi. Se protéger la main à l'aide d'un torchon épais. Positionner la pointe du couteau à huître face à l'emplacement du muscle adducteur (aux 2/3 de la longueur de l'huître à partir de la charnière sur le côté droit). Le pouce est à 1 cm du bout de la lame du couteau. Introduire la lame du couteau à l'intérieur de l'huître tout en la faisant pivoter. Sectionner le muscle adducteur avec le couteau, faire pivoter le couteau pour soulever la coquille supérieure et déboiter la charnière.

S'assurer du parfait état de fraîcheur de l'huître (elle doit sentir bon et ne pas être sèche). Jeter la première eau (elle va se reconstituer) tout en retirant les éventuelles écailles présentes suite à l'ouverture.

Retirer "l'animal" de la coquille et le conserver dans le jus. Disposer les 12 coquilles (les parties creuses) sur une jolie assiette avec un lit d'algues ou de gros sel de façon à les tenir les plus droites possibles.

2 • **Préparation de la garniture :** retirer les parties vertes du poireau et émincer le reste le plus finement possible.

Faire bouillir une casserole d'eau légèrement salée, verser le poireau dedans et prolonger la cuisson jusqu'à ce qu'il perde son croquant (environ 5 minutes). L'égoutter et le refroidir sous l'eau froide.

Verser le poireau dans un saladier et y rajouter la pomme épluchée taillée en dés, le vinaigre de cidre, le jus d'huître, l'huile de noix et un peu de poivre moulu. Bien mélanger, vérifier l'assaisonnement et partager la préparation entre les 12 coquilles (environ 1 belle cuillerée à café par coquille).

3 • **Finition des huîtres :** ciseler la ciboulette. Dresser l'huître sur la garniture dans chaque coquille et parsemer le tout avec une pointe de ciboulette.

Réserver au frais jusqu'à la dégustation.

6 BUFFET DE VIANDES

PAR

NATHALIE & MATEJ

CARPACCIO
DE MAGRET DE CANARD

• 0% GLUTEN
• 0% LACTOSE

10 min PRÉPA

POUR 1 MAGRET :

1 magret de canard d'environ 400 g
40 g de sel fin
40 g de sucre
8 tours de moulin de poivre

1 • Préparation du carpaccio : au moins 12 heures avant la dégustation.

Entailler la peau du magret de façon à former un quadrillage. Dans un bol, mélanger le sel, le sucre et le poivre. Dans une assiette creuse (ou un plat creux), verser la moitié de la préparation, poser le magret et verser le reste sur le magret.

Laisser reposer le magret ainsi au moins 12 heures au réfrigérateur.

2 • Finition du carpaccio : rincer le magret sous l'eau pendant 1 minute. Bien le sécher avec un linge propre ou du papier absorbant et l'émincer le plus finement possible.

Étaler les tranches dans une jolie assiette et réserver au frais jusqu'à la dégustation.

Le conseil de Nathalie

N'hésitez pas à accompagner ce carpaccio avec un pesto !
Vous pouvez même verser quelques gouttes ou traits de pesto directement sur le carpaccio.

RILLETTES
DE PORC FAÇON MATEJ

• 0% GLUTEN
• 0% LACTOSE

20 min PRÉPA — 3 h CUISSON

POUR UNE TERRINE :

1,7 kg d'échine de porc
300 g de poitrine de porc
200 g de gras de porc
4 gros oignons blancs
1 c. à soupe de sel
30 cl d'eau

• **Préparation des rillettes :** couper en gros morceaux les oignons. Dans une casserole, les faire caraméliser avec le gras de porc.

Pendant ce temps-là, couper en gros morceaux d'environ 2 cm^3 l'échine et la poitrine de porc.

Une fois les oignons caramélisés, saler la viande et la mettre dans la casserole. Ajouter l'eau et laisser cuire à couvert pendant 1 h 30 tout en remuant de temps en temps afin de s'assurer que rien ne colle au fond.

Enlever le couvercle de la casserole et laisser le tout réduire afin que l'eau et le jus de cuisson s'évaporent. Ne pas hésiter à mélanger souvent pour que la viande se défasse et afin d'éviter de brûler les rillettes. Cette étape de cuisson devrait prendre de nouveau environ 1 h 30 .

Le conseil de Matej

Ne vous inquiétez pas si vous avez toujours de gros morceaux de viande, ce sont des rillettes façon slovaque !

Le meilleur est de manger vos rillettes chaudes tout juste sorties de la casserole avec des oignons frais, des cornichons et un bon pain frais !

TARTE
À LA RILLETTE DE PORC & AU FROMAGE DE CHÈVRE

50 min PRÉPA 40 min CUISSON

POUR 6 PERSONNES :

La pâte brisée :
pour un moule de 25 cm de diamètre

200 g de farine
100 g de beurre froid
10 cl env. d'eau froide

La garniture :

110 g de fromage de chèvre ½ sec
75 g de rillettes de porc
(plutôt celles de Tours que du Mans car moins grasses)
3 œufs
25 cl de crème fraîche
½ botte de persil
Sel, poivre

1 • Préparation et cuisson du fond de tarte :
(prévoir 1 heure de repos)

Dans un saladier, verser la farine et le beurre coupé en petits morceaux. Travailler la pâte jusqu'à l'obtention d'un sable grossier. Verser l'eau froide petit à petit jusqu'à l'obtention d'une boule. Laisser reposer la pâte au frais pendant 1 heure.

Préchauffer le four à 220°C (th. 7).

Étaler la pâte au rouleau et la déposer délicatement dans le moule à tarte. La recouvrir d'une feuille de papier aluminium ou sulfurisé, elle-même recouverte de haricots secs ou lentilles (afin d'éviter le gonflement de la pâte en pré-cuisson). La glisser dans le four très chaud (220°C) pendant 20 minutes. Sortir la pâte du four et retirer le papier avec les pois secs. Réserver

2 • Préparation de la mayonnaise :

Préchauffer le four à 200°C (th. 7).

Tailler le fromage de chèvre en petits dés et le parsemer sur le fond de tarte précuit.

Émietter les rillettes et les parsemer comme le fromage de chèvre.

Dans un saladier, casser les œufs et les mélanger avec la crème, le persil ciselé et l'assaisonnement. Verser l'appareil sur les rillettes et le fromage puis glisser la tarte dans le four chaud (200°C).

Prolonger la cuisson pendant environ 30 minutes jusqu'à ce que la tarte soit dorée et l'appareil plus du tout liquide.

3 • Service : servir la tarte tiède.

Le conseil de Nathalie

Cette tarte n'est pas des plus légères, alors n'hésitez pas à l'accompagner d'une salade ou de crudités.

TORTILLA
AUX CHIPS DE POMMES DE TERRE

- 0% GLUTEN
- 0% LACTOSE

30 min PRÉPA — 20 min CUISSON

POUR 6 PERSONNES :

8 œufs
125 g de chips de pommes de terre
200 g d'oignons nouveaux blancs
380 g de poivrons rouges
70 g de chorizo doux
Sel, piment d'Espelette
6 cl d'huile d'olive

1 • **Préparation de la garniture :** ciseler finement les oignons (les parties blanches comme vertes). Épépiner et retirer le pédoncule des poivrons. Les émincer en fines lanières. Retirer la peau du chorizo et le tailler en petits dés.

Dans une poêle, verser l'huile d'olive et faire suer à feu moyen les oignons pendant 5 minutes. Ajouter les poivrons et prolonger la cuisson de 10 minutes jusqu'à ce que les poivrons soient tendres.

Assaisonner et ajouter les dés de chorizo.

2 • **Cuisson de la "tortilla" :** préchauffer le four à 200°C. Dans un saladier, casser les œufs et les battre avec un peu de sel et de piments. Ajouter les chips et mélanger à la spatule pour bien les imbiber.

Verser les œufs et les chips avec la garniture dans une poêle sur un feu moyen et mélanger délicatement avec une spatule en partant des bords vers le centre de la poêle. Quand la tortilla commence à épaissir, glisser la poêle dans le four chaud (200°C) et prolonger la cuisson jusqu'à ce que la tortilla devienne moelleuse (environ 5 minutes). La démouler à la sortie du four sur un joli plat et la déguster chaude voire tempérée.

Le conseil de Nathalie

Utilisez une poêle avec un manche amovible pour que la poêle puisse passer au four.

Vous pouvez aussi cuisiner vous-même vos chips. Il vous suffira d'émincer très finement des lamelles de pommes de terre (à chair farineuse), les laver à l'eau froide, les égoutter et les sécher. Les frire en petites quantités dans un bain de friture à 160°-165°C jusqu'à ce qu'elles soient dorées.

SAUSAGE
ROLL

1h30 PRÉPA 25 min CUISSON

POUR 8 PERSONNES :

400 g d'épaule de porc hachée
20 g de graisse de canard
35 g d'échalote
30 g de chapelure
5 g de sel
2 jaunes d'œuf

350 g de pâte feuilletée

Mélange d'épices :
1 c. à café rase de chaque épice : fenouil, coriandre, cumin, cayenne, poivre noir et paprika fumé

1 • Préparation du mélange d'épices : préchauffer le four à 170°C (th. 6).

Mettre toutes les épices sur une plaque de cuisson au four pendant environ 5 minutes.

Les laisser refroidir et les mixer au blender.

Ciseler les échalotes et les faire suer dans la graisse de canard puis y ajouter 1 cuillerée à soupe du mélange d'épices (conserver le surplus pour la prochaine fois).

Mélanger bien le tout et laisser refroidir.

2 • Préparation du Sausage Roll : hacher le porc, y ajouter le sel, la chapelure et le mélange d'échalote/épices. Mélanger bien le tout.

Étaler la pâte feuilletée sur 70 cm de long et 20 cm de large.

Disposer le porc haché au centre sous forme d'un rondin d'environ 5 cm de diamètre.

Rouler la pâte afin de bien entourer le tout. S'assurer que tout soit bien serré et entouré. Couper l'excès de pâte feuilletée.

Badigeonner le Sausage Roll de jaune d'œuf et saupoudrer de sel.

Couper le rouleau de 70 cm de long en 7 parts (chaque rouleau faisant donc 10 cm).

3 • Cuisson du Sausage Roll : préchauffer le four à 195°C (th. 6/7).

Mettre les Sausage Roll au four pendant 20 minutes ou jusqu'à ce qu'ils soient cuits à 70°C au centre.

Le conseil de Matej

N'hésitez pas à utiliser un couteau (utiliser sa surface non coupante) ou une fourchette afin de décorer vos rouleaux avec de jolis motifs comme par exemple des losanges !

BARBECUE
& RIBS AU BREIZH COLA & EDDU

- 0% GLUTEN
- 0% LACTOSE

15 min PRÉPA 1h15 CUISSON

POUR 5 PERSONNES :

1,5 kg de travers de porc taillé en 4 morceaux
2 bouteilles de Breizh Cola de 33 cl
50 g de muscovado
2 gousses d'ail hachées finement
1 c. à soupe de thym sec
1 c. à soupe de sel
1 c. à soupe de poivre noir
3 c. à soupe de ketchup
3 c. à soupe de sauce barbecue fumée
2 c. à soupe de maïzena
5 cl de whisky Eddu Brocéliande

1 • **Préparation de la sauce :** dans une casserole, mélanger le Breizh Cola, le muscovado, l'ail haché finement, le sel, le poivre, le ketchup, la sauce barbecue et le thym. Porter le tout à ébullition pendant 5 minutes.

Puis y ajouter la maïzena et bien la mélanger afin qu'elle y soit dissoute. Remonter le tout de nouveau à ébullition tout en mélangeant pendant 5 minutes. La sauce devrait s'épaissir.

Ajouter et mélanger le whisky à la fin puis éteindre le feu.

Laisser bien refroidir la sauce et à l'aide d'un pinceau, badigeonner les ribs (morceaux de travers de porc), puis les entourer de papier aluminium.

2 • **Cuisson des ribs de porc :** placer les ribs entourés de papier aluminium au barbecue au-dessus d'un feu doux.

Les tourner environ toutes les 20 minutes pendant 1 heure. Ensuite, enlever le papier aluminium et cuire les ribs sur un feu moyen en les retournant toutes les 3 minutes pendant 15 minutes afin de les caraméliser. À chaque retournement, rajouter de la sauce.

Le conseil de Matej

N'hésitez pas à mariner à l'avance vos ribs de porc pour plus de saveurs !

Au lieu du barbecue, n'hésitez pas à utiliser votre four à 180°C pendant environ 1h15 en laissant vos ribs dans l'aluminium. Puis, pour les caraméliser, levez la température de votre four à 200°C pendant 15 minutes en rajoutant de la sauce.

Je conseille vraiment le muscovado pour cette recette mais à défaut vous pouvez le remplacer par du sucre de canne.

Breizh Cola
WHISKY
PUR BLÉ NOIR
WHISKY DE BRETAGNE
EDDU
SINGLE DISTILLERY
SILVER
BROCELIANDE
Breizh Cola

BARBECUE
& AILERONS DE POULET

- 0% GLUTEN
- 0% LACTOSE

30min PRÉPA 12h MARINADE 45min CUISSON

POUR 5 PERSONNES :

1,5 kg d'ailerons de poulet
15 g de gingembre frais
2 gousses d'ail
5 cl d'huile d'olive
4 cl de sirop d'érable
1 petit piment frais type chili
10 g de sel
3 g de poivre

1 • **Préparation de la marinade :** ciseler le gingembre, l'ail et le piment.

Mettre tous les ingrédients sur les ailerons de poulet et mélanger dans un grand bol.

Laisser le tout mariner pendant 12 heures.

2 • **Cuisson des ailerons :** utiliser un barbecue avec couvercle. Le charbon doit être rouge et sans flamme directe.

Les cuire sur une grille directement au-dessus du charbon chaud avec le couvercle. Retourner les ailerons toutes les 3 minutes, un peu plus si le barbecue est très chaud. Laisser cuire ainsi environ 45 minutes.

Le conseil de Matej

Cette recette est aussi appelée celle des "Chicken Wings". En Bretagne, nous avons la chance de bénéficier d'excellents producteurs de volailles donc pourquoi se priver !

Afin d'éviter un barbecue trop chaud, vous pouvez mettre tout le charbon d'un côté et laissez vos ailerons de poulet du côté opposé.

BARBECUE
ROULADE DE BAVETTE

• 0% GLUTEN | 40 min PRÉPA | 20 min CUISSON

POUR 5 PERSONNES :

600 g de bavette de bœuf
1 poivron vert
130 g de tomme de vache
100 g de champignons de Paris
2 gousses d'ail
1 piment rouge
(voir 2 si vous aimez manger épicé)
80 g de beurre froid
juste sorti du réfrigérateur
3 cl d'huile d'olive
½ botte de coriandre
Poivre, sel

1 • **Préparation de la roulade :** émincer finement le poivron vert et les champignons. Hacher l'ail, la coriandre et le piment.

Tailler la viande de façon à ce qu'elle ait la même épaisseur de 5 mm partout. L'étaler sur votre plan de travail, y parsemer le sel, le poivre, l'ail, la coriandre, le poivron vert, les champignons et le piment en laissant 1 cm sans aucun ingrédient de chaque côté de la viande.

Ensuite râper le fromage et le beurre au-dessus des ingrédients précédents.

Enfin, rouler votre viande en faisant attention de bien la serrer. Utiliser de la ficelle alimentaire tous les 2 cm autour de la roulade. Ce sera plus facile de la manipuler au-dessus du grill. La roulade devrait faire environ 4 à 5 cm de diamètre.

Si elle est trop longue et difficile à manipuler au-dessus du grill, ne pas hésiter pas à la couper en 2.

2 • **Cuisson de la roulade :** badigeonner la roulade d'huile d'olive, de sel et de poivre.

Assurez-vous que le charbon soit rouge et qu'il n'y ait pas de flamme directe.

Placer la roulade sur la grille et la tourner toutes les 2/3 minutes.

La laisser cuire pendant environ 10 minutes pour une cuisson saignante voire 15 minutes pour être un peu plus cuite.

Le conseil de Matej

Coupez votre roulade en tranches pour l'apéro. Si les tranches ne tiennent pas correctement, n'hésitez pas à les faire tenir avec un cure-dent.

LARD
RÔTI TRADITIONNEL

• 0% GLUTEN | 5 min PRÉPA | 2h30 CUISSON

POUR 6 PERSONNES :

1,2 kg de lard cru
(mis en saumure la veille par le charcutier ou juste pompé quelques heures avant sa cuisson)

50 g de beurre

1 • Mise en cuisson du rôti :

Préchauffer le four à 150°C (th. 5).

Dans un plat en terre cuite, mettre le lard côté peau dessus et le parsemer de noisettes de beurre à la surface. Verser un peu d'eau dans le fond du plat. Glisser le plat dans le four doux (160°C) et laisser cuire pendant 3 heures jusqu'à ce que le lard soit fondant.

Ne pas hésiter à rajouter un peu d'eau en cours de cuisson si le fond du plat commence à trop griller.

2 • Service :

Disposer le lard sur une jolie planche et le tailler en fines tranches s'il est servi froid ou un peu plus épaisses s'il est servi tiède.

Le conseil de Nathalie

Si vous n'avez pas le temps ni l'envie de cuisiner, tout bon charcutier breton peut vous en proposer à la vente. C'est vraiment une recette traditionnelle bretonne...
« Tu préfères ton père ou ta mère ? … je préfère le lard ! »

LARD
RÔTI AUX ÉPICES DIT "BÔČIK"

- 0% GLUTEN
- 0% LACTOSE

15 min PRÉPA — 3 h CUISSON

POUR 5 PERSONNES :

1 kg de lard cru
2 c. à café de cumin
2 c. à café de sel
2 c. à soupe de paprika
2 feuilles de laurier
2 gousses d'ail

1 • **Préparation et cuisson du lard :** préchauffer le four à 160°C (th. 5).

Hacher les gousses d'ail.

Entourer toute la viande de cumin, sel, ail et seulement d'1 cuillérée à soupe de paprika.

Placer le lard et le laurier dans un plat creux et recouvrir le tout d'eau. Le laisser cuire pendant 3 heures au four.

2 • **Finition du lard :** enlever l'eau et laisser le lard s'égoutter pendant environ 15 minutes.

Puis parsemer tout autour du lard le reste de paprika.

Servir le lard de préférence chaud ou tempéré

Le conseil de Matej

Si vous souhaitez que votre lard soit plus parfumé, vous pouvez le laisser mariner 1 nuit entière avec les épices.

En Slovaquie, je le déguste juste avec de la moutarde et du pain !

RILLONS
DE PORC

• 0% GLUTEN
• 0% LACTOSE

2h30 PRÉPA — 1h CUISSON

POUR UN PETIT BOL DE RILLONS DE PORC :

1 kg de poitrine de porc
25 cl de vinaigre de malt (en épicerie anglo-saxonne) ou de vinaigre de cidre
Une poignée de sel
Huile de friture

1 • Préparation de la marinade : couper la poitrine de porc en bâtonnets de 5 cm de long et 1 cm de large, ne conserver que la peau et les 1 cm de gras sous la peau (réserver le reste de la viande pour une autre préparation).

Les recouvrir de sel et de vinaigre de malt. Les laisser mariner pendant 2 heures au réfrigérateur.

Les égoutter à l'aide d'une passoire. Vous pouvez garder la marinade pour une autre fois.

2 • Cuisson du porc : préchauffer le four à 200°C (th. 7).

Placer dans une casserole d'eau froide les bâtonnets de porc (ils doivent être entièrement recouverts d'eau). Monter le tout à ébullition.

Les égoutter à l'aide d'une passoire et les placer sur une plaque de cuisson recouverte de papier cuisson. Les cuire dans un four à 200°C pendant environ 25 minutes.

Enlever la graisse liquide, ne garder que les morceaux.

Chauffer un bain de friture à 120°C et cuire les bâtonnets pendant 4 minutes.

Égoutter et assaisonner le tout avec du sel.

Le conseil de Matej

N'hésitez pas à les déguster avec de la moutarde et du pain !

BÂTONNETS
DE POULET PANÉ

15 min PRÉPA 2 h MARINADE 5 min CUISSON

POUR 4 PERSONNES :

350 g de blancs de poulet
50 cl de lait ribot
200 g de farine
50 cl d'huile de friture
1 c. à café de sel
1 c. à café de piment de cayenne
1 c. à café de poivre blanc
1 c. à café d'ail déshydraté
1 c. à café d'origan sec
1 c. à café de basilic sec
1 c. à café de paprika
1 c. à café de sel de céleri
7 g de levure chimique
60 g de maïzena

1 • **Préparation de la marinade :** couper le poulet en tranches d'environ 1 cm d'épaisseur et les mettre dans le lait ribot pendant 2 heures.

2 • **Préparation de la chapelure :** pendant le temps de la marinade, préparer la chapelure en mélangeant la farine, le sel, le piment de cayenne, le poivre blanc, l'ail, l'origan, le basilic, le paprika, le sel de céleri, la levure chimique et la maïzena.

3 • **Cuisson des bâtonnets :** chauffer l'huile jusqu'à 170°C.

Enlever les bâtonnets de poulet du lait ribot et les entourer de chapelure.

Les plonger dans l'huile pendant environ 5 minutes (le poulet doit être cuit à 70°C à l'intérieur).

Les égoutter et les déguster chauds.

Le conseil de Matej

Si vous voulez séduire les plus jeunes, dites-leur que vous faites des "chickens fingers" maison... avec bien sûr d'excellents poulets bretons !

Vous pouvez rajouter au lait ribot de la marinade une sauce type barbecue ou encore au chili pour ajouter du goût à votre préparation. Le lait ribot est surtout utilisé ici pour rendre le poulet plus tendre.

7 GÂTEAUX & TARTES SUCRÉES

PAR

NATHALIE

PUDDING
BREAD & BUTTER À LA POMME

• VÉGÉTARIEN | 20 min PRÉPA | 30 min CUISSON

POUR 6 PERSONNES :

200 g de brioche vendéenne
légèrement rassie
400 g de pommes (type Elstar)
30 cl de jus de pomme
30 cl de crème
2 œufs et 2 jaunes
120 g de sucre
75 g de beurre
4 c. à soupe de pommeau

1 • Préparation des pommes : éplucher les pommes, les couper en deux, les épépiner et les tailler en lamelles d'1 cm.

Dans une poêle chaude, verser les lamelles avec 20 g de beurre et 40 g de sucre. Les cuire sur un feu vif en les mélangeant régulièrement jusqu'à ce qu'elles soient à la fois dorées et fondantes.

2 • Préparation de l'appareil : battre les œufs avec 80 g de sucre, ajouter la crème, le jus de pomme et le pommeau.

3 • Finition du gâteau :

Préchauffer le four à 180°C (th. 6).

Couper la brioche en tranches d'1 cm et les beurrer sur une face. Beurrer un plat à gratin généreusement et recouvrir le fond du plat avec les tranches de brioche côté beurré dessus.

Poser les pommes sur la brioche et recouvrir le tout avec l'appareil.

Cuire le gâteau dans un four à 180°C jusqu'à ce qu'il soit bien doré (environ 30 minutes).

Le déguster tiède ou tempéré.

GÂTEAU
MOELLEUX À LA SEMOULE & À LA FRAISE

• VÉGÉTARIEN | 20 min PRÉPA | 35 min CUISSON

POUR 8 PERSONNES :

Le gâteau :

80 g de semoule fine
60 g de farine
30 g d'amande en poudre
1,5 c. à café de levure chimique
Le zeste d'un petit citron
2 œufs
10 cl de jus de pomme
40 g de sucre
80 g de beurre

Le sirop :

120 g de sucre
15 cl de jus de pomme
200 g de fraises
2 c. à soupe d'eau de fleur d'oranger

L'accompagnement (facultatif) :

1 litre de lait ribot

1 • Préparation du gâteau :

Préchauffer le four à 180°C (th. 6).

Dans un bol, mélanger la semoule, la farine, les amandes et la levure.

Dans un saladier, fouetter les œufs avec le sucre, le jus de pomme et le zeste de citron.

Ajouter petit à petit le premier mélange tout en fouettant et le beurre fondu.

Verser la pâte dans un plat à gratin légèrement beurré puis le mettre à cuire dans le four à 180°C pendant environ 35 minutes jusqu'à ce que le gâteau soit bien doré.

2 • Préparation du sirop : préparer le sirop en versant dans une casserole le sucre, le jus de pomme et les fraises coupées en petits dés (environ 3 mm^3).

Cuire le sirop jusqu'à ce que les fraises aient rendu leur jus (environ 5 minutes). Le retirer du feu et ajouter l'eau de fleur d'oranger. Réserver.

3 • Finition du gâteau : quand le gâteau sort du four et que le sirop a refroidi, verser le sirop sur le gâteau en étalant les fraises de façon uniforme à la surface du gâteau.

Le laisser refroidir et déguster le gâteau tempéré accompagné de lait ribot (facultatif).

GÂTEAU
AUX NOIX CARAMÉLISÉES

• VÉGÉTARIEN | 30 min PRÉPA | 45 min CUISSON

POUR 8 PERSONNES :

40 g de chapelure
185 g de noix en cerneaux
+ quelques cerneaux en finition
4 œufs
125 g de beurre mou (mais pas fondu)
150 g de sucre
1 c. à soupe de cognac
½ citron

Le caramel :

100 g de sucre
un peu d'eau
8 cerneaux de noix

1 • Préparation du gâteau :

Préchauffer le four à 180°C (th. 6).

Mixer les noix avec la chapelure jusqu'à obtention d'une poudre.

Fouetter le beurre avec 80 g de sucre. Y ajouter les jaunes un par un et le cognac, bien fouetter.

Y mélanger le zeste et le jus du demi-citron puis ensuite les noix avec la chapelure.

Battre les blancs d'œufs en neige avec 70 g de sucre jusqu'à ce qu'ils deviennent ferme et les incorporer au mélange précédent.

Verser la pâte dans un moule à manqué beurré et fariné puis glisser le gâteau dans le four à 180°C jusqu'à ce qu'il soit doré et cuit (environ 45 minutes).

2 • Préparation du caramel : verser le sucre dans une casserole et le mouiller légèrement. Le cuire sur un feu moyen jusqu'à ce qu'il caramélise.

Verser le caramel sur la surface du gâteau et l'étaler à l'aide d'une spatule.

3 • Finition : décorer le gâteau avec les cerneaux.

Déguster le gâteau tempéré.

GÂTEAU
AUX NOIX & AU CHOCOLAT

• VÉGÉTARIEN • 0% GLUTEN

30 min PRÉPA 30 min CUISSON

POUR 6 PERSONNES :

120 g de chocolat
320 g de noix en cerneaux
100 g de sucre glace
+ 10 g de sucre glace pour la décoration
140 g de beurre
6 blancs d'œufs
80 g de sucre
15 g de cassonade pour le moule

1 • Préparation du gâteau :

Préchauffer le four à 200°C (th. 7).

Verser les cerneaux de noix sur la plaque du four et les glisser dans le four chaud (200°C). Les griller légèrement pendant environ 3 minutes et les laisser refroidir.

Dans le bol d'un mixeur électrique, les mélanger avec le sucre glace, mixer jusqu'à l'obtention d'une poudre homogène et la verser dans un saladier.

Couper le chocolat en petits morceaux et les verser dans un autre saladier avec le beurre coupé en petits dés puis faire fondre le tout au bain-marie (poser le saladier au dessus d'une casserole d'eau frémissante jusqu'à ce que le mélange soit homogène).

Ajouter le chocolat fondu dans le saladier avec la poudre de noix et le sucre glace en les mélangeant à l'aide d'une spatule.

Battre les blancs d'œufs avec le sucre à l'aide d'un batteur électrique et les incorporer délicatement dans le mélange précédent.

Verser la pâte dans un moule bien beurré et parsemé de cassonade.

2 • Cuisson : glisser le moule dans un four chaud (180°C) et cuire pendant environ 30 minutes jusqu'à ce que la pointe du couteau plantée dans le gâteau ressorte sans trace de pâte.

Laisser légèrement refroidir le gâteau avant de le démouler sur un joli plat. Le parsemer de sucre glace avant de le servir.

3 • Dressage : ce gâteau est délicieux, accompagné avec du lait ribot légèrement sucré et voire, pourquoi pas, parfumé avec une pointe de cardamome moulue.

MOELLEUX
AU CITRON
À LA FARINE DE MAÏS

• VÉGÉTARIEN | 30 min PRÉPA | 40 min CUISSON

POUR 8 PERSONNES :

200 g de sucre
175 g de beurre en "pommade"
3 œufs
2 citrons
+ 1 citron pour la décoration
150 g de farine de blé
150 g de farine de maïs
2 c. à café de levure
10 cl de lait
Quelques feuilles de menthe

Le glaçage :

200 g de sucre glace
1 citron

1 • Préparation du gâteau :

Préchauffer le four à 180°C (th. 6).

Fouetter le beurre et le sucre, ajouter les œufs un par un, le zeste et le jus des deux citrons. Bien fouetter et incorporer ensuite à la spatule les deux farines, la levure et le lait.

Beurrer un moule à gâteau, le fariner et verser la pâte. Cuire le gâteau dans le four à 180°C pendant environ 40 minutes jusqu'à ce qu'il soit doré et moelleux.

Le démouler sur une belle assiette.

2 • Préparation du glaçage : fouetter le sucre avec le jus de citron jusqu'à l'obtention d'une pâte lisse et verser le glaçage sur le gâteau.

Décorer le gâteau avec des rondelles de citron et des feuilles de menthe.

Le conseil de Nathalie

Ce gâteau est délicieux accompagné d'un coulis de fraises.

TARTE
AUX AMANDES À LA RHUBARBE & À LA FRAISE

• VÉGÉTARIEN | 30 min PRÉPA | 50 min CUISSON

POUR 8 PERSONNES :

3 crêpes de froment
3 œufs
150 g d'amande en poudre
150 g de beurre
+ 50 g pour les crêpes
150 g de sucre en poudre
+ 200 g pour la rhubarbe
+ 20 g pour les crêpes
500 g de fraises
500 g de rhubarbe

1 • Préparation de la compote de rhubarbe :
(à commencer la veille de la dégustation)

Éplucher grossièrement la rhubarbe (si la rhubarbe est très tendre, il n'est pas nécessaire de l'éplucher). La laver et l'émincer finement.

La verser dans un saladier avec le sucre et la réserver au frais pendant 12 heures.

Une fois la rhubarbe marinée, conserver une belle cuillerée à soupe de rhubarbe crue, verser le reste avec le jus dans une casserole et la cuire à couvert à feu moyen jusqu'à ce qu'elle se transforme en compote (environ 20 minutes). La réserver.

2 • Préparation du fond de tarte :

Préchauffer le four à 200°C (th. 7).

Beurrer généreusement trois crêpes et les saupoudrer de sucre. Les disposer les unes sur les autres de façon à recouvrir le fond et le bord du moule à tarte.

Cuire le fond de tarte dans le four à 200°C jusqu'à ce qu'il soit bien doré (environ 10 minutes). Réserver.

3 • Préparation de la crème d'amande : dans un saladier, verser les œufs avec le sucre, bien fouetter, ajouter la poudre d'amande, bien mélanger puis ajouter le beurre fondu. Fouetter jusqu'à ce que la crème soit bien homogène.

Verser cette crème dans le fond de la tarte et cuire à four chaud (200°C) jusqu'à ce que la crème soit dorée (environ 20 minutes). Laisser refroidir.

4 • Finition de la tarte : étaler une fine couche de compote sur la crème d'amande et recouvrir le tout avec des fraises émincées joliment disposées sur la crème d'amande.

Parsemer les fraises avec les lamelles de rhubarbe crue.

C'est prêt !

CARRÉ
AUX POMMES

• VÉGÉTARIEN | 30 min PRÉPA | 50 min CUISSON

POUR 6 PERSONNES :

La pâte :

150 g de farine
30 g de sucre glace
20 g de maïzena
125 g de beurre froid coupé en dés

Le far à la pomme :

25 cl de jus de pomme
150 g de sucre + 25 g pour les pommes
6 œufs
75 g de farine
1 pincée de cannelle
400 g de pommes (type Elstar)
15 g de beurre

1 • Préparation de la pâte :

Préchauffer le four à 170°C (th. 6).

Dans un saladier, verser tous les ingrédients et mélanger avec les doigts jusqu'à l'obtention d'un sable grossier.

Verser la pâte dans un moule carré ou rectangulaire (environ 25x17 cm de côté). Bien l'aplatir de façon régulière à l'aide de la paume des mains. Glisser le plat dans le four à 170°C et cuire pendant environ 20 minutes jusqu'à ce que la pâte soit dorée.

2 • Préparation du far : (pendant la cuisson de la pâte). Dans un saladier, verser la farine et le sucre. Mélanger et former une fontaine.

Casser les œufs et les verser dans la fontaine. Mélanger à l'aide d'un fouet jusqu'à ce que la pâte soit homogène. Incorporer tout en fouettant le jus de pomme. Réserver.

Éplucher les pommes, les épépiner et les tailler en petits dés. Dans une poêle chaude, verser les pommes avec le beurre, la cannelle et le sucre puis les faire sauter jusqu'à ce qu'elles caramélisent. Réserver.

3 • Finition du carré : étaler les pommes caramélisées sur le fond de pâte cuit et verser l'appareil du far sur le tout.

Glisser le plat dans le four à 170°C et cuire jusqu'à ce que le far soit pris (environ 30 minutes). Laisser refroidir, passer un couteau fin sur les bords du moule, démouler le carré aux pommes sur un joli plat et le partager en jolis carrés (ou rectangles).

Le conseil de Nathalie

La recette est inspirée du « lemon squares », gâteau au citron typique des USA. Il vous suffit de remplacer les 25 cl de jus de pomme par 18 cl de jus de citron, de mettre 250 g de sucre (à la place de 150 g + 25 g), de supprimer les pommes au beurre avec la cannelle et d'ajouter le zeste râpé d'un citron. Cette recette est délicieuse mais... la Bretagne est moins présente !

MOELLEUX
À LA POMME, AU CHOCOLAT & AU CARAMEL AU BEURRE SALÉ

• VÉGÉTARIEN | 40 min PRÉPA | 20 min CUISSON

POUR 8 PERSONNES (1 MOULE À TARTE D'ENVIRON 1 LITRE) :

Le gâteau :

1 œuf

50 g de sucre
+ 15 g de sucre pour imbiber

50 g de farine
+ 1 c. à soupe pour le moule

50 g de beurre
+ 1 noisette pour le moule

1 pincée de levure chimique

25 cl de jus de pomme

Les pommes :

150 g de caramel au beurre salé

420 g de pommes (type Elstar)

20 g de beurre

15 g de sucre

1 belle pincée de cannelle

Le glaçage au chocolat :

10 cl de crème

40 g de beurre coupé en petits morceaux

155 g de chocolat noir (60% de cacao) haché

3 cl de lait

1 • Préparation du gâteau :

Préchauffer le four à 180°C (th. 6).

Dans un saladier, casser les œufs, y verser le sucre, fouetter, puis ajouter la farine et la levure. Fouetter à nouveau et verser le beurre fondu. Bien mélanger le tout et étaler la pâte dans le moule à tarte beurré et fariné.

Glisser le plat dans le four chaud (180°C) et cuire le gâteau pendant environ 10 minutes jusqu'à ce qu'il soit doré.

Pendant la cuisson du gâteau, verser le jus de pomme avec le sucre dans une casserole et laisser réduire de moitié sur un feu moyen.

Verser le sirop réduit sur le gâteau à la sortie du four. Réserver.

2 • Préparation des pommes : éplucher les pommes, les couper en deux, les épépiner et les tailler en petits dés. Dans une poêle, sur un feu vif, verser les dés avec le sucre, la cannelle et le beurre. Faire sauter les pommes jusqu'à ce qu'elles soient dorées et fondantes.

Étaler le caramel au beurre salé sur le gâteau et ensuite les dés de pommes. Réserver.

3 • Préparation du glaçage : dans une casserole, verser la crème et la faire monter à ébullition sur un feu moyen. Verser le chocolat et le beurre puis mélanger le tout sur un feu très doux jusqu'à ce que la crème soit homogène. Verser le lait, mélanger et étaler le chocolat sur les pommes à l'aide d'une « maryse » ou d'une spatule.

4 • Dégustation : glisser le gâteau au frais et le déguster au moins après deux heures de conservation au réfrigérateur.

GÂTEAU
BRETON

• VÉGÉTARIEN | 20 min PRÉPA | 45 min CUISSON

POUR 10 PERSONNES :

Un moule de 22 cm en acier
300 g de farine
300 g de beurre demi-sel
6 jaunes d'œuf + 1 jaune pour la dorure
240 g de sucre
1 goutte d'huile essentielle de bergamote (facultative)

1 • Préparation :

Préchauffer le four à 200°C (th. 7).

Dans un saladier, verser la farine, le sucre. Mélanger et ajouter le beurre tempéré coupé en petits morceaux.

Travailler la pâte avec les doigts jusqu'à l'obtention d'un sable grossier.

Ajouter les jaunes d'œufs avec la bergamote, mélanger le tout à la main rapidement jusqu'à obtenir une pâte homogène.

Beurrer le moule et verser la pâte. L'aplatir avec la main humide, dorer avec un jaune d'œuf et à l'aide d'une fourchette, strier le dessus du gâteau.

2 • Cuisson : glisser le gâteau dans le four à 200°C pendant 15 minutes et le cuire ensuite 30 minutes à 180°C.

Déguster le gâteau une fois refroidi.

FAR
BRETON AUX PRUNEAUX

• VÉGÉTARIEN | 15 min PRÉPA | 50 min CUISSON

POUR 6 PERSONNES :

400 g de pruneaux
250 g de farine
250 g de sucre
4 gros œufs
1 litre de lait cru entier
30 g de beurre
1 pincée de sel
1 bouchon de rhum

Préchauffer le four à 220°C (th. 7).

1 • **Préparation des pruneaux :** laver les pruneaux et les tremper dans une eau tiède le temps de la préparation du far.

2 • **Préparation du far breton :** mélanger la farine tamisée, le sucre et le sel. Faire une fontaine, y déposer les œufs entiers et les mélanger petit à petit au fouet.

Incorporer ensuite le lait en plusieurs fois et fouetter bien le tout. Parfumer avec le rhum.

Verser dans un plat à gratin beurré puis y ajouter les pruneaux.

3 • **Cuisson :** cuire à four chaud pendant 20 minutes à 220°C, puis baisser la température à 180°C et laisser cuire 30 minutes.

Sortir du four et laisser refroidir dans le moule.

4 • **Dressage :** vous pouvez servir le far tempéré, c'est moelleux... humm !

Le conseil de Nathalie

Vous pouvez remplacer le lait par un litre de jus de pomme et les pruneaux par trois belles pommes coupées en tranches et sautées dans du beurre avec un peu de sucre. Ce far restera plus léger que le far traditionnel.

GÂTEAU
FONDANT AUX NOISETTES

• VÉGÉTARIEN • 0% GLUTEN • 0% LACTOSE

20 min PRÉPA — 30 min CUISSON

POUR 6 PERSONNES :

170 g de sucre roux + 1 c. à café pour le moule
3 œufs
25 g d'huile de chanvre
170 g de poudre de noisette
1 belle pincée de levure
1 pincée de sel
1 noisette de beurre pour le moule (ou de l'huile pour obtenir 0% lactose)

1 • Préparation du fondant :

Préchauffer le four à 170°C (th. 6).

Fouetter vivement (dans un robot électrique) les œufs, le sucre et l'huile jusqu'à l'obtention d'un ruban blanchi.

À l'aide d'une spatule, ajouter délicatement la poudre de noisette, la levure et le sel. Mélanger jusqu'à ce que la pâte soit homogène.

Verser la pâte dans un moule beurré et saupoudré de sucre.

2 • Cuisson : cuire le gâteau dans un four à 170°C pendant 30 minutes.

3 • Dégustation : le laisser légèrement refroidir et le démouler. Déguster le gâteau tempéré.

Le conseil de Nathalie

L'huile de chanvre (produite en Bretagne) possède un petit goût de noisette mais elle peut être remplacée par de l'huile d'olive ou une huile avec un goût neutre comme celle de pépins de raisin.

8
BOUCHÉES SUCRÉES

PAR

NATHALIE

PANACOTTA AU SÉSAME & AU PAMPLEMOUSSE

• VÉGÉTARIEN
• 0% GLUTEN

20 min PRÉPA 5 min CUISSON

POUR 6 VERRINES :

60 g de halva (en épicerie orientale)
6 cl de lait
25 cl de crème
25 g de sucre
1 c. à soupe de jus de citron
1 feuille de gélatine (2 g)
1 c. à café de graines de sésame torréfiées
1 c. à soupe de copeaux de chocolat
1 beau pamplemousse

1 • Préparation de la panacotta : (3 h avant la dégustation).

Dans une casserole, verser le halva émietté, le lait, la crème, le sucre et le jus de citron. Monter le tout à ébullition en fouettant.

Ramollir la feuille de gélatine dans de l'eau froide. L'essorer entre les mains et la mettre dans la crème chaude (mais pas bouillante). Bien fouetter et répartir la panacotta entre les 6 verrines. Laisser refroidir.

2 • Finition des verrines :

Éplucher à vif le pamplemousse et prélever les segments. Les tailler en deux ou trois morceaux selon leur taille. Les répartir de façon jolie sur chaque panacotta.

Parsemer les verrines de graines de sésame et de copeaux de chocolat. Réserver au frais jusqu'à la dégustation.

PANACOTTA AU LAIT RIBOT & À LA FRAISE

• VÉGÉTARIEN
• 0% GLUTEN

20 min PRÉPA 5 min CUISSON

POUR 6 VERRINES :

7,5 cl de crème fraîche
25 cl de lait ribot
50 g de sucre
1 feuille de gélatine (2 g)
25 g de halva (en épicerie orientale)
300 g de fraises

1 • Préparation de la panacotta : (3 h avant la dégustation).

Mettre à tremper la feuille de gélatine dans de l'eau froide.

Dans une petite casserole, verser la crème avec le sucre et faire monter à l'ébullition tout en fouettant. Quand la crème bout, retirer du feu, ajouter environ 3 cl de lait ribot, fouetter tout en mettant la gélatine égouttée et ramollie.

Verser le mélange dans un saladier et ajouter tout en fouettant le reste de lait ribot.

Partager la préparation entre 6 verrines et réserver au frais pendant au moins 3 heures.

2 • Finition des verrines :

Laver et équeuter les fraises. Les émincer et les partager entre les 6 verrines gélifiées. Les parsemer avec le halva émietté et les réserver au frais jusqu'à la dégustation.

VERRINE
DE SEMOULE DE BLÉ AU LAIT & AUX AGRUMES

• VÉGÉTARIEN | 40 min PRÉPA | 20 min CUISSON

POUR 12 VERRINES :

100 g de semoule
75 g de sucre
50 cl de lait
20 g de beurre
25 cl de crème
½ gousse de vanille
Le zeste d'une orange
Le zeste d'un citron

Le coulis :

1 orange
1 citron
75 g de sucre
150 g de beurre

1 • Préparation de la semoule : dans une casserole, verser le lait, le sucre, la vanille, les zestes et le beurre.

Monter le tout à ébullition et verser la semoule. Bien fouetter le tout sur un feu moyen et prolonger la cuisson pendant 10 minutes.

Débarrasser la semoule dans un saladier et la laisser refroidir pendant environ 30 minutes.

Monter la crème en chantilly et l'incorporer à la semoule en fouettant le tout.

Partager la préparation entre les 12 verrines et les réserver au frais.

2 • Préparation du coulis : verser le sucre dans une casserole, le mouiller légèrement et le cuire sur un feu moyen jusqu'à ce qu'il caramélise.

Ajouter les jus de l'orange et du citron. Cuire jusqu'à ce que le mélange soit homogène et légèrement sirupeux.

Faire fondre le beurre sur un feu doux et l'incorporer dans le jus caramélisé tout en fouettant et en ne versant pas le petit lait du beurre (c'est la partie blanchâtre qui reste au fond de la casserole).

3 • Finition des verrines : partager le coulis entre les 12 verrines et déguster sans trop tarder pour que le coulis n'ait pas trop le temps de refroidir... c'est meilleur !

VERRINE
DE FROMAGE BLANC AU CITRON & PRUNEAU AU POMMEAU

• VÉGÉTARIEN • 0% GLUTEN | 20 min PRÉPA | 20 min CUISSON

POUR 8 VERRINES :

Les pruneaux :

16 pruneaux dénoyautés
10 cl de pommeau
50 g de miel
25 g de sucre
Le zeste d'un citron
1 lamelle de gingembre

Le fromage blanc :

500 g de fromage blanc
1 citron
75 g de sucre

1 • Préparation des pruneaux : (peut se préparer la veille)

Dans une casserole, verser le pommeau avec le miel, le zeste de citron et le gingembre. Monter à ébullition et mettre les pruneaux lavés dans la casserole.

Cuire à couvert sur un feu doux pendant 20 minutes. Réserver.

2 • Préparation du fromage blanc : prélever le zeste du citron à l'aide d'une râpe et le mélanger avec le fromage blanc et le sucre à l'aide d'un fouet.

Partager le fromage blanc entre les 8 verrines et réserver au frais.

3 • Finition des verrines : dans chaque verrine, disposer un pruneau avec un peu de jus et réserver au frais jusqu'à la dégustation.

TIRAMISU
À LA ROSE, À LA PISTACHE & AUX FRUITS ROUGES

• VÉGÉTARIEN | 30 min PRÉPA

POUR 12 PERSONNES :

1 paquet de biscuits roses de Reims de la maison Fossier
5 œufs
500 g de mascarpone
180 g de sucre
100 g de pistaches décortiquées et hachées + 30 g pour la déco
25 ml d'eau de rose
50 cl de jus de pomme
Environ 600 g de fruits rouges (fraises ou framboises)

1 • **Préparation de l'appareil à tiramisu :** séparer les jaunes des blancs d'œufs. Fouetter les jaunes avec le sucre à l'aide d'un batteur électrique jusqu'à ce que le mélange forme un ruban blanchâtre.

Ajouter l'eau de rose, les pistaches et le mascarpone et fouetter le tout.

Battre les blancs d'œufs en neige et les incorporer délicatement au mélange précédent.

2 • **Montage du tiramisu :** dans un saladier, verser le jus de pomme.

Dans un plat à gratin, ranger une première couche de biscuits (environ 10) imbibés avec le jus de pomme.

Verser la moitié de l'appareil.

Remettre une 2ème couche de biscuits imbibés (environ 10) et verser tout le reste du mélange.

Finir le montage du tiramisu avec une dernière couche de biscuits imbibés (environ 10).

Glisser le tiramisu dans un réfrigérateur et l'y maintenir au moins 4 heures avant la dégustation.

3 • **Finition :** recouvrir le tiramisu avec les fruits rouges émincés et le parsemer de pistaches hachées.

Présenter le tiramisu sur le buffet et le servir à chacun des convives à l'aide d'une grande cuillère.

Le conseil de Nathalie

Vous pouvez partager, dès le début du montage, le tiramisu dans des verrines. Ce sera plus présentable au moment de la dégustation. Cela va dépendre de l'ambiance que vous voulez donner autour du buffet. C'est un dessert qui revient assez cher car les pistaches comme les fruits rouges, ce n'est pas donné... mais c'est tellement bon !

YAOURT
À LA RHUBARBE & À LA GRAINE DE CHIA, COULIS DE FRAISES

• VÉGÉTARIEN • 0% GLUTEN

30 min PRÉPA 20 min CUISSON

POUR 6 VERRINES :

3 yaourts
(type bulgare de préférence)
375 g de fraises
50 g de sucre
6 c. à café rases de graines de chia

La compote de rhubarbe :

400 g de rhubarbe
175 g de sucre

1 • Préparation de la compote de rhubarbe :
(à commencer la veille de la dégustation)

Éplucher grossièrement la rhubarbe (si la rhubarbe est très tendre, il n'est pas nécessaire de l'éplucher). La laver et l'émincer finement.

La verser dans un saladier avec le sucre et la réserver au frais pendant 12 h.

Une fois la rhubarbe marinée, conserver une belle cuillerée à soupe de rhubarbe crue.

Verser le reste avec le jus dans une casserole et la cuire à couvert à feu moyen jusqu'à ce qu'elle se transforme en compote (environ 20 minutes).

La réserver.

2 • Préparation du yaourt : (au moins 1 h avant la dégustation)

Mélanger le yaourt avec la compote et les graines de chia. Vérifier si la préparation est assez sucrée et réserver au réfrigérateur.

3 • Préparation du coulis de fraises : laver les fraises et les équeuter. Mixer les ¾ avec 50 g de sucre (plus ou moins selon l'acidité des fraises) jusqu'à l'obtention d'un coulis bien lisse.

Émincer le reste en lamelles.

4 • Dressage des verrines : répartir le coulis dans les six verrines. Verser dessus le yaourt, le parsemer de lamelles de fraises et de rhubarbe égouttées et réserver les verrines au frais jusqu'à la dégustation.

TUILES
AUX CRÊPES DENTELLES

• VÉGÉTARIEN | 10 min PRÉPA | 10 min CUISSON

POUR 6 TUILES :

10 g de sucre
10 g de farine
15 g de beurre fondu
1 gros blanc d'œuf (environ 30 g)
30 g de crêpes dentelles

1 • Préparation :

Préchauffer le four à 180°C (th. 6).

Dans un saladier, verser le sucre, la farine et le blanc d'œuf. Bien fouetter, ajouter le beurre et les crêpes dentelles écrasées puis fouetter à nouveau.

Étaler finement cette pâte à l'aide du dos d'une cuillère légèrement humide sur une feuille de cuisson posée sur une plaque du four en lui donnant la forme de 6 tuiles rondes.

2 • Cuisson : glisser la plaque dans le four chaud (180°C) et cuire pendant environ 10 minutes jusqu'à ce que les tuiles commencent à bien dorer.

Les débarrasser délicatement de la feuille de cuisson à l'aide d'une spatule sur une jolie assiette.

Le conseil de Nathalie

Si vous n'avez pas de feuille de cuisson, beurrer et fariner la plaque de cuisson avant d'étaler la pâte à tuiles.

CRÊPES
SUCRÉES "KRAZ"

• VÉGÉTARIEN | 5 min PRÉPA | 2 min CUISSON

POUR 12 CRÊPES :

2 crêpes de froment
50 g de beurre
2 c. à café de sucre

1 • Préparation :

Préchauffer le four à 220°C (th. 7).

Beurrer les crêpes sur toute leur surface. Les saupoudrer de sucre. Les couper en 6 triangles.

Étaler les triangles sur la plaque du four (côté beurré dessous) et glisser la plaque dans le four très chaud (220°C).

2 • Cuisson : cuire les tuiles pendant 1 à 2 minutes jusqu'à ce qu'elles soient dorées... attention à la rapidité de coloration !

Les réserver sur une jolie assiette.

Le conseil de Nathalie

Vous pouvez « chocolater » les crêpes en les saupoudrant légèrement de cacao avant de les glisser dans le four.

Vous pouvez aussi utiliser des crêpes de sarrasin à la place des crêpes de froment. Ce sera moins sucré, plus rustique et tout aussi délicieux.

SABLÉ
AUX NOISETTES

• VÉGÉTARIEN | 10 min PRÉPA | 10 min CUISSON

POUR UNE TRENTAINE DE SABLÉS :

185 g de beurre pommade
100 g de sucre
1 jaune d'œuf
280 g de farine
135 g de noisettes torréfiées et concassées

1 • Préparation :

Dans une jatte, mélanger le beurre avec le sucre au fouet et ensuite le jaune d'œuf.

Ajouter la farine et les noisettes en les mélangeant à l'aide d'une spatule.

Former un rouleau avec la pâte d'un diamètre d'environ 3 cm et réserver au frais pendant au moins 1 heure.

Puis préchauffer le four à 180°C (th. 6).

2 • Cuisson et service :

Découper le rouleau en petits sablés de 2 à 3 mm d'épaisseur et les cuire dans le four à 180°C jusqu'à ce qu'ils commencent à dorer légèrement (environ 10 minutes).

Les déguster tempérés et s'il en reste, les conserver dans une boîte en fer.

SABLÉ
AU CACAO & À L'ORANGE

• VÉGÉTARIEN | 10 min PRÉPA | 10 min CUISSON

POUR UNE TRENTAINE DE SABLÉS :

3 jaunes
200 g de beurre mou
100 g de sucre
+ 2 c. à soupe pour l'enroulage
250 g de farine
60 g de cacao
30 g d'écorces d'orange confite

1 • Préparation :

Dans une jatte, fouetter le beurre avec le sucre et ensuite les jaunes d'œufs.

Incorporer à la spatule la farine, le cacao et les écorces d'orange confite taillées en tout petits dés.

Former un rouleau de 3 cm de diamètre avec la pâte et le réserver au frais pendant au moins 1 heure.

Préchauffer le four à 180°C (th. 6).

2 • Cuisson et service :

Humidifier légèrement le rouleau avec de l'eau, puis le rouler dans le sucre. Découper le rouleau en petits sablés de 2 à 3 mm d'épaisseur et les cuire dans le four à 180°C jusqu'à ce qu'ils commencent à dorer légèrement (environ 10 minutes).

Les déguster tempérés et s'il en reste, les conserver dans une boîte en fer.

KERMABO
CIDRE FERMIER
PRODUCTEURS - RÉCOLTANTS

PRODUCT OF FRANCE
SAINT MAUDEZ
DRY GIN DU TRÉGOR

9
COCKTAILS BRETONS

PAR

ÉMILIE & ARNAUD

L'ABUS D'ALCOOL, MÊME BRETON, EST DANGEUREUX POUR LA SANTÉ.
À CONSOMMER AVEC MODÉRATION.

"Tout ce que vous avez toujours voulu savoir sur les élixirs bretons..."

par Arnaud Beauvais

Pour accompagner les recettes apéritives de Nathalie et Matej, l'occasion était trop tentante de vous proposer des cocktails qui vous permettront d'épater les copains avec nos bons produits bretons !

Bien sûr, les propositions apéritives classiques autour des vins vous permettent d'accorder dans la continuité un repas dînatoire sans trop faire de mélanges. Mais avec ma fille sommelière, Émilie, nous avons souhaité faire des recherches de cocktails mettant nos produits bretons à l'honneur, avec ou sans alcool.

En effet, même si la Bretagne redémarre une production viticole qui sera à suivre, nous avons déjà une grande palette qualitative de boissons locales à exploiter. Alors en voici une partie de celles qui nous ont inspirés le plus pour susciter votre curiosité sachant que nous ne pouvions pas toutes les mettre à l'honneur.

La Bretagne et la pomme : une longue histoire d'amour !

À travers sa diversité de variétés de pommes, la large gamme de produits qui en découlent s'accorde aussi à exprimer le terroir et la culture régionale. Que ce soit sous forme de jus de pomme, de cidre, d'eau-de-vie, de pommeau de Bretagne, de chouchen, de "chufféré" (miel et cidre fermenté),... la cuisine de nos bons produits locaux se trouve bien sûr en harmonie avec cette consommation ancestrale sans uniquement se limiter à nos très bonnes crêpes ou galettes.

Mais comme pour toutes les évolutions insufflées par la demande croissante d'innovations dans notre société de consommation moderne, nos distillateurs bretons ont su bien souvent profiter de ce savoir-faire ancestral de la distillation principalement axée au départ autour de la pomme pour offrir de nouveaux produits qui leur permettent une diversification génératrice de nouveaux marchés et stimulante pour la création.

Ainsi en Bretagne, il faut compter sur nos produits locaux comme les whiskies, les gins, les vodkas, les liqueurs, les crèmes,... grâce à des passionnés qui font un travail remarquable !

Dans nos cocktails, voici les principaux produits que nous avons mis en lumière :

À BASE DE **FINE BRETAGNE** OU **LAMBIG DE BRETAGNE**

Traditionnellement appelée "Lambig", cette eau-de-vie de cidre qui titre 40° doit avoir vieilli au minimum 2 ans en fût de chêne mais c'est plus souvent un vieillissement autour des 3 à 6/8 ans qui lui donne cette jolie teinte ambrée plus ou moins foncée. Appellation d'Origine Réglementée en 1999 puis Appellation d'Origine Contrôlée en 2015, avec un cahier des charges plus précis, la "Fine Bretagne" ou "Lambig de Bretagne" a permis de donner une reconnaissance géographique sur les cinq départements de la Bretagne historique (22, 29, 35, 44 et 56) au même titre que le Calvados l'a fait pour la Normandie. Bien sûr, restons local mais dans l'urgence, un Calvados oublié dans votre cave sera à même de jouer le remplaçant !

À BASE DE **FINE BLANCHE**

La Fine Blanche est une eau-de-vie de cidre qui n'a pas été vieillie en fût de chêne et qui conserve donc ses qualités à l'état brut. Le distillat qui sort de l'alambic titre 70°. Réduit à 40° (par ajout d'eau) pour une meilleure appréciation gustative, il peut s'apprécier ainsi nature ou en cocktail car il offre des arômes très fruités avec de la fraîcheur sur une jolie robe transparente et brillante. À défaut d'en posséder, vous pouvez bien sûr la remplacer par une Fine Bretagne ambrée mais ses parfums boisés s'ajoutent avec plus de complexité aux arômes fruités. La Distillerie des Menhirs à Plomelin la nomme "Gwenn Blanche de pomme" et celle du Plessis à Quimper presque pareil avec "Gwen Blanche de Pommes". Mais tout comme la "Fine Bretagne Blanche" des Vergers de Kermabo à Guidel, elles ont chacune leur particularité et sont toutes de très belle qualité !

À BASE DE **POMMEAU DE BRETAGNE**

Obtenu par le mutage du moût de pomme à cidre fraîchement pressé (environ 2/3) à l'eau-de-vie de pomme (environ 1/3), cet alcool de type "mistelle" titre généralement entre 16° et 18°. Un vieillissement adapté (minimum de 14 mois), le choix des pommes à cidre, la qualité de l'alcool utilisé au mutage, l'état qualitatif des fûts utilisés et du lieu de vieillissement permettent d'obtenir un produit avec des caractéristiques organoleptiques qualitatives très diverses. La jolie robe limpide, de couleur ambrée voire acajou nous invite à une dégustation attentive. Suivant l'élevage et l'âge du produit, la complexité entre la douceur, l'acidité et l'amertume ainsi que la diversité des nuances aromatiques nous offrent aussi bien des notes de pomme au four, de fruits secs, de caramel ou de miel avec parfois aussi une touche épicée comme la cannelle et la réglisse.

Dès le 31 mai 1997, avant l'homologation en A.O.R. pour la Fine Bretagne en 1999, le Pommeau de Bretagne obtient son A.O.C., ce qui ouvrira aussi plus rapidement le chemin pour celle de la Fine Bretagne. Cette reconnaissance régionale permet d'établir une valorisation de ce beau produit au même titre que celui déjà très connu en Normandie... mais là encore, jouons la carte locale !

À BASE DE **WHISKY BRETON**

La Bretagne offre depuis plusieurs années des whiskies avec chacun une signature originale ainsi que de belles histoires. Nous en avons choisi certains que nous connaissons bien et qui vous seront sûrement plus faciles à trouver. La Distillerie des Menhirs lance en 1999 le "Eddu" qui est unique puisque personne d'autre n'a essayé de faire un whisky à base de sarrasin ! Leur dernière nouveauté, le "Ed Gwenn" est un whisky orge à l'histoire comparable à celle de la tarte Tatin dont le résultat obtenu est très original et en a fait une signature incomparable ! À Larmor Pleubian dans les Côtes d'Armor, la Distillerie Glenn Ar Mor offre une large gamme "Kornog" qui est parmi les plus belles réalisations bretonnes dans ce registre "tourbé". Nous n'avons pas mis les whiskies tout aussi exceptionnels mais plus confidentiels de la Distillerie Kaërilis à Belle-Île ou aussi celui de la Distillerie Moby Dick à Plogoff.

Cependant, vous pourrez toujours adapter nos recettes de cocktails avec les whiskies de votre sélection mais nos whiskies bretons valent le détour et nous ne vous avons mis qu'un échantillon pour vous en donner le goût de la découverte !

À BASE DE **CHOUCHEN** OU **D'HYDROMEL**

Boisson antique, la plus ancienne et bien appréciée des Celtes notamment, l'hydromel à base d'eau et de miel fermenté s'apparente souvent au chouchen dont le miel est fermenté avec du jus de pomme. Vous pouvez donc choisir celui à votre goût à côté de chez vous ! Si vous n'avez ni l'un ni l'autre, remplacez-le par du miel qui apportera les arômes mais avec une touche plus sucrée et sans alcool.

À BASE DE **BIÈRE BRETONNE**

L'histoire de la bière bretonne artisanale est bien sûr associée à la création en 1985 à Morlaix de la Brasserie Coreff (anciennement Brasserie des Deux Rivières) qui déménagea en 2005 à Carhaix-Plouguer, mais aussi à la Brasserie Lancelot crée en 1989 à Saint-Servant-sur-Oust dans le Morbihan et aujourd'hui située au Roc-Saint-André. L'explosion de micro-brasseries artisanales vous permettra d'essayer nos cocktails avec beaucoup d'originalité. Mais parmi les bières les plus faciles à trouver, j'ai choisi celles de la Bernard Lancelot qui me les livrait en 1990 à l'ouverture de notre restaurant "Le Jardin Gourmand" à Lorient (souvenirs, souvenirs... !). Aujourd'hui, vous avez l'embarras du choix et de la découverte autour de chez vous.

À BASE DE **CIDRE GUILLEVIC**

Encore une belle histoire bretonne dont l'origine morbihannaise tire son épingle du jeu ! Ce cidre issu d'une seule variété de pomme, la "Guillevic", donne un cidre fruité, acidulé avec une jolie robe claire légèrement dorée et brillante, comparable à s'y méprendre à une belle cuvée de crémant ou de champagne. À l'apéritif qu'il soit nature, en cocktail ou sur un dessert, c'est une merveille ! Bien sûr, à défaut de pouvoir en trouver, un cidre doux ou demi-sec sera parfois le mieux adapté pour éviter la touche d'astringence ou d'amertume de certaines cuvées de cidre brut.

À BASE DE **GIN BRETON**

Alcool universel qui est à la fois parmi les plus faciles à produire partout et dont les recettes sont tellement variées... alors à vous de jouer suivant vos goûts ! Nous avons pris celui du Trégor dont la Distillerie Glen Ar Mor est surtout connue pour ses whiskies "Glen Ar Mor" et "Kornog". Mais nous avons aussi une certaine fidélité pour la Distillerie du Golfe à Plougoumelen dont tous les autres produits sont aussi très qualitatifs, et notamment le "H2B" avec sa note marine qui nous plaît tellement.

À BASE DE **VODKA BRETONNE**

Il y a aussi beaucoup de choix sur le marché mais là encore, la Vodka EOR de la Distillerie du Golfe à Plougoumelen nous plaît. Et en plus c'est local, alors on y va !

À BASE DE **RHUM**

La Bretagne n'a pas encore de plantation de canne à sucre... Mais la distillerie morbihannaise de Plougoumelen nous en a sélectionné de trois origines différentes et nous en avons choisi deux pour nos cocktails. Là encore, l'offre est vaste et vous pourrez tester nos cocktails à votre goût selon vos découvertes du moment !

À BASE DE **"SANS ALCOOL"**

Dans ce registre comme dans beaucoup d'autres recettes avec des boissons alcoolisées, le **jus de pomme** figure en première place !

Nous avons aussi utilisé d'autres softs incontournables à l'ouest comme le "**Breizh Cola**" et le "**Breizh Thé**" de la brasserie Lancelot que vous pourriez bien sûr remplacer par des boissons similaires plus internationales... Mais tout comme le "**French Tonic**" (rappelant un peu le Schweppes) et le "**Ginger Beer**" de la Ferme du Château à La Baule, nous les trouvons plus délicates à notre goût et, en plus, c'est biologique et BZH !

On ne pouvait résister à utiliser une eau minérale pétillante locale comme la "**Plancoët Fines Bulles**" mais d'autres boissons pétillantes pourront la remplacer si vous n'avez pas la chance d'être chez nous.

Le **thé** commence à se cultiver en Bretagne et nous avons même eu la chance d'avoir une visite guidée passionnante avec Denis Mazerolle en juin 2020 dans leur plantation familiale, "Filleule des Fées" à Languidic ! On doit donc toujours bien choisir un thé de qualité et aussi pour ses particularités en fonction de l'utilisation prévue car même pour un cocktail, c'est comme le disait Prosper Montagné pour toutes recettes de cuisine, "on ne fait du bon qu'avec du très bon !"

LES BOISSONS DE **"LA DISTILLERIE DU PLESSIS" À QUIMPER**

Parmi d'autres produits régionaux que nous aimons beaucoup, il y a notamment ceux de la Distillerie du Plessis à Quimper dans le Finistère, qui fut fondée au début des années 1980 par Pierre Seznec, héritier familial du droit de bouilleur de cru. Hervé, son fils, a repris l'affaire familiale et l'a développée largement en créant une très large gamme de produits comme certains très spécifiques :

- **Le "Pastis Marin"** porte bien son nom et il s'inscrit dans la recherche d'authenticité régionale des produits d'Hervé Seznec. On peut bien sûr le remplacer par un autre apéritif anisé mais à vous d'ajuster le dosage en fonction des caractéristiques de celui utilisé. Nous avons découvert aussi la **Distillerie Moby Dick** situé sur **Plogoff** qui en fait un également très intéressant, mais encore plus confidentiel.
- **Le "Kremmig"** est un assemblage d'un lambig de Bretagne avec une crème laitière qui est une gourmandise à lui tout seul mais vous pourriez le remplacer à défaut par d'autres crèmes d'alcool comme par exemple le Baileys.
- La très large gamme de **crèmes** (cassis, mûres sauvages,...), d'**alcools** (poire de Bretagne) et de **liqueurs** (fraises de Plougastel, framboises, châtaigne, café Lambig, cerises de Bretagne, pomme de Bretagne,...) est de très grande qualité.
- Une création unique comme "l'**Algane d'Océan**" est à base d'un concentré d'algues obtenu par micro-distillation. De ce fait, le résultat serait complétement différent si vous deviez le remplacer dans nos recettes de cocktails.

Pour conclure, nous avons souhaité mettre la Bretagne et nos beaux produits en avant grâce au savoir-faire et à la passion de nos producteurs artisans. Choisissez toujours des producteurs engagés et consommez localement !

Yec'hed mat !

À BASE DE **FINE BRETAGNE**

L'ARMOR ARGOAT

« La mer et la terre » comme nous l'inspirent le pastis marin et la pomme !

POUR 2 PERSONNES :

4 cl de Fine Bretagne (ou lambig)

1 cl (ou 1 trait) de Pastis Marin (Distillerie du Plessis à Quimper 29) **ou du Pernod**

1 cl (ou 1 trait) **de sirop de grenadine**

4 cl de jus de pomme

20 cl de cidre brut fermier

Rondelle de pomme et brin d'aneth pour la décoration

Préparation :

- Mettre des cubes de glace dans un shaker puis y verser la Fine Bretagne, le pastis marin, la grenadine et le jus de pomme.
- Frapper et passer dans deux jolis verres adaptés remplis de quelques glaçons puis allonger au cidre brut fermier (environ 10 cl). Vous pouvez éventuellement décorer ce cocktail avec une rondelle de pomme et un brin d'aneth.

Dégustation

Belle rondeur, enrobe bien en bouche. Attention au dosage anisé qui apporte de la fraîcheur mais qui doit rester léger pour ne pas trop dominer.

Variante

On peut remplacer les 4 cl de jus de pomme par 2 cl de Pommeau de Bretagne qui apporteront un peu plus de rondeur mais dans ce cas, nous avons préféré y ajouter du cidre Guillevic pour apporter de la fraîcheur. Nous avons mis en avant la version avec le jus de pomme et le cidre brut car le cidre Guillevic est parfois plus difficile à trouver.

À BASE DE **FINE BRETAGNE**

LE KINKIZ VERSION FLIP

Ce cocktail est une création inspirée du « Breakfast Nog », mais la richesse apportée par le Kremming et l'œuf en fait plutôt une gourmandise de fin de repas. Nous l'avons appelé ainsi pour le dédier au Manoir de Kinkiz et la distillerie du Plessis qui font des produits remarquables et parfois originaux comme le Kremming.

POUR 2 OU 3 PERSONNES :

4 cl de Fine Bretagne (ou lambig)

4 cl de Grand Marnier

1 œuf entier

4 cl de Kremmig (Distillerie du Plessis à Quimper 29) **ou crème de whisky type Baileys à défaut**

Chocolat en poudre (ou cacao)

Préparation :

- Mettre des cubes de glace dans un shaker puis y verser la Fine Bretagne, le grand Marnier, l'œuf et le Kremmig.
- Frapper et passer dans 2 ou 3 jolis verres adaptés remplis avec un peu de glace pilée.
- Saupoudrer de chocolat ou de cacao en poudre et déguster.

Dégustation

Belle gourmandise à apprécier seul pour une fin de repas, mais c'est aussi un très bel accord avec un dessert au chocolat ou au caramel au beurre salé.

À BASE DE **FINE BRETAGNE**

LA FINE BRE'TONIC

Inspiration de différents cocktails version cooler... à la bretonne !

POUR 2 PERSONNES :

4 cl de Fine Bretagne (ou lambig)

2 cl de jus de citron

2 cl de sirop de sucre de canne

12 cl de French Tonic (La Ferme du Château à La Baule 44) ou d'eau gazeuse

Préparation :

- Mettre des cubes de glace dans un shaker puis y verser la Fine Bretagne, le jus de citron et le sirop de sucre de canne.
- Frapper et passer dans deux jolis verres adaptés remplis de quelques glaçons puis allonger de French Tonic (ou d'eau gazeuse).

Dégustation

Belle douceur du sucre bien équilibrée avec le citron. La fine apporte la note de pomme et le tonic la fraîcheur.

Variante

En doublant la Fine Bretagne, on la ressent davantage en longueur avec une certaine chauffe.

À BASE DE **FINE BLANCHE OU GWENN**

L'HERMINE GWENN

Cette création associant deux produits phare ne pouvant que bien se marier porte bien son nom : la bière blanche « Hermine » de la brasserie Lancelot et l'alcool blanc de pomme « Gwenn » de la distillerie des Menhirs.

POUR 2 PERSONNES :

6 cl de Gwenn blanche (Distillerie des Menhirs à Plomelin 29)

4 cl de jus de citron

4 cl de jus d'orange

2 cl de sirop de grenadine

12 cl de bière blanche Blanche Hermine (Brasserie Lancelot à Le Roc St André 56)

Préparation :

- Mettre des cubes de glace dans un shaker puis y verser la Gwenn, le jus de citron, le jus d'orange et la grenadine.
- Frapper et passer dans deux jolis verres adaptés remplis de quelques glaçons puis allonger à la bière blanche.

Dégustation

Belle association des agrumes adoucis par la grenadine et l'expression de la pomme en finesse.

À BASE DE **FINE BLANCHE OU GWENN**

LE GWENN TONIC

Associé à ce Tonic bio de la région de la Baule, la pomme et l'anis s'accordent subtilement grâce au travail merveilleux de nos deux belles distilleries finistériennes.

POUR 2 PERSONNES :

6 cl de Gwenn blanche
(Distillerie des Menhirs à Plomelin 29)

2 cl de blanc d'œuf

1 cl de Pastis Marin
(Distillerie du Plessis à Quimper 29)

1 cl de sirop de sucre de canne

10 cl de French Tonic
(La Ferme du Château à La Baule 44)

Préparation :

- Mettre des cubes de glace dans un shaker puis y verser la Gwenn, le blanc d'œuf, le Pastis Marin et le sirop de sucre de canne.
- Frapper et passer dans deux jolis verres adaptés remplis de quelques glaçons puis allonger au French Tonic.

Dégustation

Onctueux et désaltérant avec une pointe anisée fondue par les agrumes qui apportent la fraîcheur par une pointe amère très légère.

À BASE DE **POMMEAU**

L'APERIPOM'EAU TONIC

Le nom de ce cocktail est pour moi un clin d'œil à Anne et Eugène Le Guerroué qui avait appelé leur pommeau ainsi, l'« Apéripom », avant que l'AOC soit obtenue pour une reconnaissance régionale de ce beau produit.

POUR 2 PERSONNES :

4 cl de pommeau de Bretagne

20 cl French Tonic (La Ferme du Château à La Baule 44) ou eau gazeuse

Préparation :

- Verser 2 cl de Pommeau dans deux jolis verres remplis de quelques cubes de glace.
- Allonger de French Tonic (ou d'eau gazeuse) et mélanger à la cuillère.

Dégustation

Belle fraîcheur du tonic avec la douceur du Pommeau.

On peut agrémenter ce cocktail rafraîchissant avec des lamelles de pomme granny ou avec de la menthe fraîche.

À BASE DE **POMMEAU**

LA POM'MEL

La pomme dans tous ses états avec une touche miellée.

POUR 7 PERSONNES :

5 cl de pommeau de Bretagne

5 cl de chouchen (hydromel)

5 cl de jus de pomme

75 cl de cidre fermier

Préparation :

- Mettre des cubes de glace dans un shaker puis y verser le pommeau, le chouchen et le jus de pomme.
- Frapper et passer dans des jolis verres adaptés remplis de quelques cubes de glace.
- Allonger avec le cidre.

Dégustation

Au nez, on distingue le mariage du miel et de la pomme.

A l'apéritif ou sur un dessert, ce cocktail est désaltérant et très digeste.

À BASE DE **POMMEAU**

LA CID'POM

Un peu comme un kir breton... mais en plus fun !

POUR 2 PERSONNES :

4 cl de pommeau de Bretagne

2 cl de jus d'orange

1 cl de crème de mûre sauvage
(Distillerie du Plessis à Quimper 29)

20 cl de Cidre brut fermier

Rondelles de pomme pour la décoration

Préparation :

- Mettre des cubes de glace dans un shaker puis y verser le Pommeau, le jus d'orange et la crème de mûre.
- Frapper et passer dans deux jolis verres adaptés remplis de quelques cubes de glace.
- Allonger de cidre.
- Agrémenter d'une rondelle de pomme et remuer à la cuillère avant de servir.

Dégustation

On y retrouve en finesse sur le cidre le bel équilibre du pommeau allégé par le jus d'orange avec cette touche de crème de mûre.

À BASE DE **WHISKY BRETON**

L'ED GGB

Un Whisky d'orge à l'histoire originale qui avait été créé à l'origine pour accompagner le blé noir mais qui a séduit par son originalité et sa personnalité.

POUR 2 PERSONNES :

9 cl de whisky breton Ed Gwenn
(Distillerie des Menhirs à Plomelin 29)

3 cl de jus de citron

3 cl de sirop de sucre de canne

15 cl de Ginger Beer
(La Ferme du Château à La Baule 44)

Rondelles de citron pour la décoration

Préparation :

- Mettre des cubes de glace dans un shaker puis y verser le whisky, le jus de citron et le sirop de sucre de canne.
- Frapper et passer dans deux jolis verres adaptés.
- Allonger de Ginger Beer (ou d'eau gazeuse).
- Agrémenter d'une rondelle de citron et remuer à la cuillère avant de servir.

Dégustation

On y retrouve subtilement l'odeur et le goût de la banane qui adoucit le Ginger Beer.

À BASE DE **WHISKY BRETON**

L'EDDU SILVER FIZZ

Le classique Whisky de blé noir avec une pointe marine anisée dans une version « Fizz » : ça pétille !

POUR 2 PERSONNES :

4 cl de whisky breton Eddu Silver
(Distillerie des Menhirs à Plomelin 29)

2 cl de jus d'un citron

4 cl de blanc d'œuf

1 cl de Pastis Marin
(Distillerie du Plessis à Quimper 29)

2 cl de sirop de sucre de canne

30 cl de Plancoët fines bulles
(ou d'eau gazeuse)

Préparation :

- Mettre des cubes de glace dans un shaker puis y verser le whisky, le jus de citron, le blanc d'œuf, le pastis et le sirop de sucre de canne.
- Frapper fort et passer dans deux jolis verres adaptés remplis de quelques cubes de glace.
- Allonger de Plancoët (ou d'eau gazeuse).
- Décorer si vous voulez d'une cerise confite et d'une tranche de citron.

Dégustation

Souplesse et une belle expression du sarrasin grillé avec une pointe anisée fraîche.

À BASE DE **WHISKY BRETON**

LE KORNOG'MEL

Mariage subtil du whisky tourbé avec sa touche fumée et la note miellée du Chouchen.

POUR 2 PERSONNES :

4 cl de whisky breton Kornog Roc'h Hir
(Distillerie Glen Ar Mor à Larmor Pleubian 22)

4 cl de jus d'un citron

2 cl de chouchen (hydromel)

2 cl de sirop de sucre de canne

30 cl de Plancoët (ou d'eau gazeuse)

Rondelles de citron pour la décoration

Préparation :

- Mettre des cubes de glace dans un shaker puis y verser le whisky, le jus de citron, le chouchen et le sirop de sucre de canne.
- Frapper et passer dans deux jolis verres adaptés remplis de cubes de glace.
- Allonger de Plancoët (ou d'eau gazeuse).
- Vous pouvez décorer votre verre d'une tranche de citron.

Dégustation

La note tourbée intense au nez est plus fine en bouche par la Plancoët qui l'atténue et qui apporte un côté désaltérant très agréable.

Le Chouchen apporte une touche miellée et le citron de la fraîcheur.

À BASE DE **CHOUCHEN**

LE CHOUCHEN'CID

Cidre + Chouchen + Crème de mûre... tentez l'expérience !

POUR 2 PERSONNES :

4 cl de chouchen (ou hydromel)

1 cl de crème de mûre sauvage
(Distillerie du Plessis à Quimper 29)

20 cl de cidre brut fermier

Rondelles de pomme pour la décoration

Préparation :

- Mettre des cubes de glace dans un shaker puis y verser le chouchen et la crème de mûre.
- Frapper et passer dans deux jolis verres adaptés remplis de quelques cubes de glace.
- Allonger de cidre.
- Agrémenter d'une rondelle de pomme et remuer à la cuillère avant de servir.

Dégustation

On y retrouve en finesse l'odeur et le goût du chouchen avec cette pointe de mûre.

Variante

On peut remplacer le cidre par du crémant, c'est très plaisant. Il y a bien sûr aussi l'option du champagne brut mais c'est un peu plus coûteux.

À BASE DE **CHOUCHEN**

LE CHOUCHEN'POM

La pomme et le miel : un sans-faute !

POUR 2 PERSONNES :

3 cl de chouchen (ou hydromel)

2 cl de pommeau de Bretagne

20 cl de cidre brut fermier

Rondelles de pomme pour la décoration

Préparation :

- Mettre des cubes de glace dans un shaker puis y verser le chouchen et le pommeau.
- Frapper et passer dans deux jolis verres adaptés remplis de cubes de glace.
- Allonger de cidre.
- Agrémenter d'une rondelle de pomme et remuer à la cuillère avant de servir.

Dégustation

On y retrouve bien équilibré la touche miellée du chouchen en finesse avec la pomme.

Variante

On peut remplacer le cidre par de la bière Cervoise, c'est très plaisant aussi.

À BASE DE **CHOUCHEN**

LA CID'AMBRÉE

Le mariage du chouchen avec le cidre et la bière ambrée : une belle promesse !

POUR 2 PERSONNES :

2 cl de chouchen (ou hydromel)

2 cl de jus de pomme

10 cl de bière ambrée Cervoise
(Brasserie Lancelot à Le Roc St André 56)

10 cl de cidre brut fermier

Préparation :

- Mettre des cubes de glace dans un shaker puis y verser le chouchen et le jus de pomme.
- Frapper et passer dans deux jolis verres adaptés remplis de cubes de glace.
- Allonger à quantité égale de bière et de cidre.
- Remuer à la cuillère avant de servir.

Dégustation

On y retrouve une bouche souple et crémeuse avec une note très légèrement amère en final.

À BASE DE **BIÈRE BRETONNE**

LA CID'BRUNE

Une belle association de la bière brune avec le cidre.

POUR 2 PERSONNES :

2 cl de chouchen (ou hydromel)

2 cl de jus de pomme

10 cl de bière brune Telenn Du
(Brasserie Lancelot à Le Roc St André 56)

10 cl de cidre brut fermier

Préparation :

- Mettre des cubes de glace dans un shaker puis y verser le Chouchen et le jus de pomme.
- Frapper et passer dans deux jolis verres adaptés remplis de quelques cubes de glace.
- Allonger à quantité égale de bière et de cidre.
- Remuer à la cuillère avant de servir.

Dégustation

C'est très intéressant au niveau de l'équilibre sucré/amer.

À BASE DE **BIÈRE BRETONNE**

LA CID'BLANCHE

Pour une association plus fraîche de la bière blanche avec le cidre.

POUR 2 PERSONNES :

4 cl de pommeau de Bretagne

4 cl de jus de pomme

2 cl de liqueur de framboise
(Distillerie du Plessis à Quimper 29)

10 cl de bière blanche Blanche Hermine
(Brasserie Lancelot à Le Roc St André 56)

10 cl de cidre brut fermier

Préparation :

- Mettre des cubes de glace dans un shaker puis y verser le pommeau, le jus de pomme et la liqueur de framboise.
- Frapper et passer dans deux jolis verres adaptés remplis de cubes de glace.
- Allonger à quantité égale de bière et de cidre.

Dégustation

Très bel équilibre avec la finesse de la bière blanche rafraîchissante.

À BASE DE **BIÈRE BRETONNE**

L'APÉRO'POM BLANCHE

La bière blanche et le pommeau en parfaite harmonie !

POUR 2 PERSONNES :

4 cl de pommeau de Bretagne

2 cl de jus d'orange

1 cl de crème de mûre sauvage
(Distillerie du Plessis à Quimper 29)

20 cl de bière blanche Blanche Hermine
(Brasserie Lancelot à Le Roc St André 56)

Préparation :

- Mettre des cubes de glace dans un shaker puis y verser le pommeau, le jus d'orange et la liqueur de mûre.
- Frapper et passer dans deux jolis verres adaptés remplis de quelques cubes de glace.
- Allonger de bière blanche.

Dégustation

On aime le côté rafraîchissant avec la bière.

À BASE DE **BIÈRE BRETONNE**

L'AVAL BLANCHE

Encore la pomme (aval en breton) et la bière blanche au rendez-vous !

POUR 2 PERSONNES :

10 cl de jus de pomme

4 cl de pommeau de Bretagne

2 cl de crème de framboise
(Distillerie du Plessis à Quimper 29)

2 cl de jus de citron

10 cl de bière blanche Blanche Hermine
(Brasserie Lancelot à Le Roc St André 56)

Préparation :

- Mettre des cubes de glace dans un shaker puis y verser le jus de pomme, le pommeau, la crème de framboise et le jus de citron.
- Frapper et passer dans des jolis verres adaptés remplis de glace pilée.
- Allonger de bière blanche.

Dégustation

La fraîcheur apportée par la pointe de citron atténue légèrement cette touche de framboise qui donne une touche florale rappelant la violette.

À chacun de tester avec ou sans le citron sachant que les deux versions sont agréables et équilibrées.

À BASE DE **BIÈRE BRETONNE**

GWENN-HA-DU MARIN

Le whisky de blé noir à la bière blanche avec le pastis marin... toute une histoire !

POUR 2 PERSONNES :

4 cl de whisky breton Eddu Silver
(Distillerie du Menhir à Plomelin 29)

2 cl de jus d'un citron

4 cl de blanc d'œuf

1 cl de Pastis Marin
(Distillerie du Plessis à Quimper 29)

2 cl de sirop de sucre de canne

30 cl de bière blanche Blanche Hermine
(Brasserie Lancelot à Le Roc St André 56)

Préparation :

- Mettre des cubes de glace dans un shaker puis y verser le whisky, le jus de citron, le blanc d'œuf, le pastis et le sirop de sucre de canne.
- Frapper fort et passer dans deux jolis verres adaptés remplis de quelques cubes de glace.
- Allonge de bière blanche.

Dégustation

La bière blanche apporte de l'onctuosité et développe une belle expression du sarrasin grillé avec une pointe anisée discrète.

À BASE DE **BIÈRE BRETONNE**

LA POM'BLANCHE

Quand la bière blanche apporte fraîcheur et onctuosité !

POUR 2 PERSONNES :

4 cl de pommeau de Bretagne

2 cl de jus d'orange

1 cl de crème de cassis
(Distillerie du Plessis à Quimper 29)

20 cl de bière blanche Blanche Hermine
(Brasserie Lancelot à Le Roc St André 56)

Préparation :

- Mettre des cubes de glace dans un shaker puis y verser le Pommeau, le jus d'orange et la crème de cassis.
- Frapper et passer dans deux jolis verres adaptés remplis de quelques cubes de glace.
- Allonger de bière blanche.

Dégustation

Vous y retrouvez la fraîcheur de la bière blanche sur cette base de pommeau allégée par le jus d'orange avec une note de cassis.

À BASE DE **CIDRE GUILLEVIC**

LE SOLEIL D'ORIENT

Une idée subtile du mariage de la pomme et du safran que Nathalie utilise aussi dans ses recettes à notre restaurant "Le Jardin Gourmand" à Lorient !

POUR 2 PERSONNES :

20 g de sirop de safran (env. 2 cl) (voir recette même page)

20 cl de cidre Guillevic (les Vergers de Kermabo à Guidel 56) **ou sinon cidre fermier plutôt doux**

Préparation :

- Verser 10 g de sirop de safran dans chaque joli verre adapté.
- Allonger de cidre Guillevic.

Dégustation

Le sirop de safran s'harmonise tout en finesse avec une cuvée délicate comme les cidres issus de la pomme Guillevic. Cette pomme donne un cidre clair, brillant, fruité avec beaucoup de fraicheur et de finesse. C'est un peu notre "champagne breton".

Variante

On peut remplacer le cidre Guillevic par du jus de pomme pour une version sans alcool.

SIROP DE SAFRAN

100 g d'eau

110 g de sucre cristallisé (ou sucre semoule)

25 pistils de safran

Cette base permet d'obtenir au final env. 160 g de sirop de safran, ce qui représente alors env. 15 à 16 doses pour le cocktail "Soleil d'Orient" si on obtient la concentration aromatique souhaitée avec un safran de qualité.

Préparation :

- Dans une casserole, chauffer l'eau et le sucre jusqu'à ébullition puis y verser les pistils de safran.
- Laisser réduire sur un feu moyen pendant 5 minutes.
- Verser le sirop bien chaud dans un contenant hermétique, le refermer de suite et laisser infuser pendant 24 heures. Le sirop de safran se conserve au réfrigérateur ainsi pendant plusieurs semaines.

Nota Bene : attention au choix du safran utilisé pour réaliser votre sirop ! Suivant la qualité, l'âge et la conservation du safran, il faudra adapter la quantité de pistils dans la recette de façon à extraire au mieux les qualités aromatiques de l'épice.

D'autre part, le sucre cristallisé est l'élément idéal pour la réalisation d'un sirop plus translucide. Le sucre semoule conviendra tout aussi très bien si vous préférez car il est plus facile à trouver.

LIQUEUR DE SAFRAN

Recette transmise par Yannick Dolmetta qui nous fournit en safran depuis plusieurs années. Cette quantité est à adapter en fonction de vos besoins car le safran est un produit très onéreux !

1 litre d'eau-de-vie

1 g de safran

400 g de sucre

Préparation :

- Dans un bol, mélanger le safran avec un peu d'eau-de-vie
- Quand le tout est bien mélangé, verser dans une casserole en y ajoutant le reste de l'eau-de-vie puis chauffer à feu doux pendant 4 minutes.
- Ajouter le sucre et continuer de cuire à feu doux pendant 15 minutes tout en remuant régulièrement.
- Ensuite, filtrer la liqueur et mettre en bouteilles. Laisser reposer dans l'obscurité pendant au minimum 20 jours avant l'utilisation.

À BASE DE **CIDRE GUILLEVIC**

LE BREIZH MOJITO

Cette recette nous a été donnée par Maud et Sébastien des Vergers de Kermabo lors d'une visite avec l'Association des Sommeliers de Bretagne. Depuis, nous la proposons à notre restaurant "Le Jardin Gourmand" à Lorient.

POUR 10 PERSONNES :

30 cl de Fine Blanche
(Les Vergers de Kermabo à Guidel 56)

10 cl de sirop de sucre de canne

10 cl de jus de citron vert
+ rondelles pour la décoration

1 botte de feuilles de menthe

75 cl de cidre Guillevic (Les Vergers de Kermabo à Guidel 56) ou sinon cidre fermier plutôt doux

Préparation :

- Laver la menthe et l'effeuiller.
- Mettre des cubes de glace dans un shaker puis y verser la Fine Blanche, le sirop de sucre de canne, quelques feuilles de menthe et le jus de citron vert.
- Frapper et passer dans des jolis verres adaptés complétés de glace pilée.
- Allonger au cidre Guillevic en décorant de feuilles de menthe et d'une rondelle de citron vert.

Dégustation

La fraîcheur apportée par la menthe et le citron vert se marient à merveille avec le fruité délicat de la fine et du cidre Guillevic.

À BASE DE **CIDRE GUILLEVIC**

LE COUCHER DE SOLEIL

Ce cocktail a été créé à la création de notre restaurant "Le Jardin Gourmand" à Lorient, avec le cidre brut fermier de Kermabo à Guidel. Mais dès que le cidre Guillevic est réapparu dans le Morbihan dans les années 90, Anne et Eugène Le Guerroué m'ont converti dès les premiers flacons !

POUR 2 PERSONNES :

1 cl de grenadine

1 cl de jus de citron

12 cl de jus d'orange

14 cl de cidre Guillevic (les Vergers de Kermabo à Guidel 56) ou cidre fermier non astringent

Préparation :

- Mettre des cubes de glace dans un shaker puis y verser la grenadine, le jus de citron et le jus d'orange.
- Frapper et passer dans deux jolis verres adaptés à moitié du verre.
- Allonger de cidre avec la même quantité.

Dégustation

Le jus d'orange complète la base équilibrée de citron et de grenadine. Le dosage moitié base et moitié cidre s'harmonise pour ne pas laisser un ingrédient dominer.

À BASE DE **GIN BRETON**

LE FINIS'TRÉGOR

Rencontre entre Quimper et Larmor Pleubian, deux grandes distilleries bretonnes !

POUR 2 PERSONNES :

6 cl de gin Saint-Maudez du Trégor
(Distillerie Glen Ar Mor à Larmor Pleubian 22)

2 cl de jus de citron

4 cl de jus d'orange

8 cl de liqueur Algane d'Océan
(Distillerie du Plessis à Quimper 29)

Préparation :

- Mettre des cubes de glace dans un shaker puis y verser tous les ingrédients.
- Frapper et passer dans des jolis verres adaptés remplis avec un peu de glace pilée.

Dégustation

La fraîcheur apportée par la pointe de citron s'accorde avec le gin et l'Algane d'Océan en douceur.

À BASE DE **GIN BRETON**

LE GIN'MEL TONIC

Notre gin marin à la bretonne avec une touche tonique !

POUR 2 PERSONNES :

5 cl de gin H2B
(Distillerie du Golfe à Plougoumelen 56)

2 cl de jus de citron

3 cl de chouchen

2,5 cl de sirop de sucre

25 cl de French Tonic
(La Ferme du Château à La Baule 44)

Préparation :

- Mettre des cubes de glace dans un shaker puis y verser le gin, le jus de citron, le chouchen, le sirop de sucre.
- Frapper et passer dans des jolis verres adaptés remplis de glace pilée.
- Allonger au French Tonic.

Dégustation

Vous retrouverez au nez un parfum discret de thym avec la touche miellée.

Une belle douceur en bouche avec le chouchen et le sirop de sucre équilibré par le citron qui apporte de la fraîcheur.

À BASE DE **VODKA BRETONNE**

LA BLONDE'EOR

Mariage réussi de la vodka et de liqueurs bretonnes avec la bière blonde !

POUR 2 PERSONNES :

4 cl de vodka Eor
(Distillerie du Golfe à Plougoumelen 56)

1 cl de jus de citron

6 cl de liqueur de fraise de Plougastel
(Distillerie du Plessis à Quimper 29)

4 cl de liqueur Algane d'Océan
(Distillerie du Plessis à Quimper 29)

15 cl de bière biologique Morgane
(Brasserie Lancelot à Le Roc St André 56)

Préparation :

- Mettre des cubes de glace dans un shaker puis y verser la vodka, le jus de citron, la liqueur de fraise, la liqueur Algane d'Océan.
- Frapper et passer dans deux jolis verres adaptés remplis de quelques glaçons.
- Compléter avec la même quantité de bière.

Dégustation

De la base du cocktail « L'Algan'Eor », on ajoute la bière blonde apportant volume et fraîcheur, tout en faisant ressortir encore plus en finesse l'agrume.

Variante

Nous avons testé cette base à moitié remplie avec en complément la même quantité de bière ambrée Cervoise. La bouche est plus onctueuse et très désaltérante avec une note de fraise miellée.

À BASE DE **VODKA BRETONNE**

L'ALGAN'EOR

Inspiration originale et régionale autour de la vodka !

POUR 2 PERSONNES :

4 cl de vodka Eor
(Distillerie du Golfe à Plougoumelen 56)

1 cl de jus de citron

6 cl de liqueur de fraise de Plougastel
(Distillerie du Plessis à Quimper 29)

4 cl de liqueur Algane d'Océan
(Distillerie du Plessis à Quimper 29)

Préparation :

- Mettre des cubes de glace dans un shaker puis y verser la vodka, le jus de citron, la liqueur de fraise de Plougastel, la liqueur Algane d'Océan.
- Frapper et passer dans des jolis verres adaptés remplis avec quelques glaçons ou un peu de glace pilée.

Dégustation

On retrouve au nez comme en bouche la fraise et l'agrume (écorce d'orange confite) avec une petite touche de réglisse en final.

À BASE DE **RHUM**

PUNCH DES MENHIRS

Ce punch est une recette qui nous a été donnée par la Distillerie des Menhirs à Plomelin. Comme tous les punchs, vous pouvez le revisiter à votre guise mais celui-ci est vraiment très plaisant et bien régional !

POUR 3,5 OU 5 LITRES (ENVIRON 15 À 20 PERSONNES) :

35 à 50 cl de Gwenn
(Distillerie des Menhirs à Plomelin 29)

14 à 20 cl de Lambig
(Distillerie des Menhirs à Plomelin 29)

1,4 à 2 litres de jus de pomme artisanal

1,4 à 2 litres de jus de cidre brut

4 ou 6 bâtons de cannelle

2 ou 3 gousses de vanille

2 ou 3 pincées de gingembre en poudre

3 ou 4 clous de girofle

7 ou 10 cl de miel

Le jus de 4 ou 5 citrons

Les tranches de 4 ou 5 pommes
(idéalement différentes variétés)

À préparer la veille.

Préparation :

- Fendre les gousses de vanille en deux puis gratter l'intérieur avec la pointe d'un couteau afin de récupérer les grains.
- Faire chauffer 50 cl de jus de pomme à feu doux avec les grains des gousses de vanille, les bâtons de cannelle, le gingembre, les clous de girofle puis laisser mijoter 10 à 15 minutes.
- Verser le tout dans un grand saladier ou une jolie vasque. Y ajouter tous les autres ingrédients puis remuer.
- Servir dans des jolis verres adaptés avec quelques glaçons et en partageant les éléments décoratifs dans chaque verre (morceaux de pomme, petits morceaux de vanille).

Dégustation

On retrouve un équilibre parfait entre la pomme et les épices avec cette touche miellée.
Attention car ça n'est pas du jus de fruit !

À BASE DE **RHUM**

LA POM'CONNEXION

La connexion jamaïcaine et indienne avec la Bretagne !

POUR 2 PERSONNES :

5 cl de rhum Connexion Jamaïque
(Distillerie du Golfe à Plougoumelen 56)

5 cl de thé noir refroidi
(par exemple Darjeeling)

3 cl de jus de citron
+ 2 rondelles pour la décoration

2 cl de sirop de sucre

20 cl de jus de pomme

Préparation :

- Mettre des cubes de glace dans un shaker puis y verser tous les ingrédients.
- Frapper et passer dans des jolis verres adaptés remplis avec quelques glaçons.
- Vous pouvez décorer votre verre avec une tranche de citron.

Dégustation

Au nez, on y retrouve une légère note fumée et l'odeur du rhum. En bouche, le rhum est présent avec la douceur de la pomme et une pointe d'astringence avec le thé. On y revient avec plaisir !

À BASE DE **RHUM**

LA FINE'CONNEXION

La connexion entre Trinidad et la Bretagne !

POUR 2 PERSONNES :

4 cl de rhum Connexion Trinidad
(Distillerie du Golfe à Plougoumelen 56)

4 cl de Fine Bretagne (ou lambig)

2 cl de liqueur Algane d'Océan
(Distillerie du Plessis à Quimper 29)

2 cl de jus de citron

2 cl de sirop de grenadine

Tranches d'orange pour la décoration

Préparation :

- Mettre des cubes de glace dans un shaker puis y verser tous les ingrédients.
- Frapper et passer dans des jolis verres adaptés remplis avec de la glace pilée.

Dégustation

Voici un cocktail chaleureux dans lequel tous les ingrédients s'expriment bien.

COCKTAIL **SANS ALCOOL**

L'AVAL MEL

La pomme (avel en breton) et le miel (mel en breton) avec la fraîcheur du citron : un mariage heureux !

POUR 2 PERSONNES :

4 cl de jus de citron

4 c. à café de miel

24 cl de jus de pomme

Menthe fraîche pour la décoration

Préparation :

- Mettre des cubes de glace dans un shaker puis y verser le jus de citron, le miel et le jus de pomme.
- Frapper fort et passer dans des jolis verres adaptés remplis de quelques glaçons.
- Décorer avec une feuille de menthe qui pourra être écrasée à la cuillère ou avec un touilleur par chacun.

Dégustation

Le miel et le citron se fondent en finesse avec le jus de pomme tout en donnant la sensation d'une touche d'herbe aromatique originale (romarin, thym).

COCKTAIL **SANS ALCOOL**

L'AVAL TONIC

Un mojito sans rhum...
Oui, mais à la pomme (aval en breton) !

POUR 2 PERSONNES :

2 cl de jus de citron vert
+ rondelles de citron vert pour la déco

1 c. à soupe de sucre roux

7 cl de jus de pomme

12 cl de French Tonic
(La Ferme du Château à La Baule 44)

Menthe fraîche

Préparation :

- Mettre des cubes de glace dans un shaker puis y verser le jus de citron vert, le sucre et le jus de pomme.
- Frapper et passer dans des jolis verres adaptés remplis de glace pilée.
- Allonger au French Tonic.
- Décorer chaque verre avec de la menthe fraiche et une rondelle de citron vert.

Dégustation

La pomme s'ajuste en finesse avec le citron vert et le French Tonic renforce la touche d'agrume. Ce cocktail est très désaltérant.

Variante

On peut remplacer le French Tonic par de la Plancoët qui adoucit encore plus le cocktail vers ce côté désaltérant. Dans ce cas remplacé la glace pilée par quelques glaçons.

COCKTAIL **SANS ALCOOL**

L'AVAL BREIZH TONIC

Mariage de tonic à la pomme !
Conseillé pour l'été.

POUR 2 PERSONNES :

10 cl de jus de pomme

10 cl de Breizh Cola
(Brasserie Lancelot à Le Roc St André 56)

10 cl de French Tonic
(La Ferme du Château à La Baule 44)

Préparation :

- Dans un verre à mélange, verser le jus de pomme, le Breizh Cola et le French Tonic.
- Mélanger à la cuillère et passer dans des jolis verres adaptés remplis avec quelques cubes de glace.

Dégustation

Le Cola apporte de la rondeur, le jus de pomme de la douceur et le tonic de la fraîcheur... belle association !

COCKTAIL **SANS ALCOOL**

LE BC BT

Le Cola et le thé à la bretonne !
Conseillé pour l'été.

POUR 2 PERSONNES :

10 cl de Breizh Cola
(Brasserie Lancelot à Le Roc St André 56)

10 cl de Breizh Thé
(Brasserie Lancelot à Le Roc St André 56)

2 cl de jus de citron

Feuilles de menthe

Préparation :

- Dans un verre à mélange, verser le Breizh Cola, le Breizh Thé et le jus de citron.
- Mélanger à la cuillère et passer dans des jolis verres adaptés avec quelques cubes de glace.
- Décorer avec une feuille de menthe qui pourra être écrasée à la cuillère ou avec un touilleur par chacun

Dégustation

Le Cola apporte de la rondeur et le Breizh Thé de la douceur avec ses notes de pêche. Le jus de citron rafraîchit et suivant les goûts de chacun, on peut aussi écraser ou non la feuille de menthe en décoration. Bref, une belle combinaison !

COCKTAIL **SANS ALCOOL**

LE PLANCOËT-DAOULAS

La fraise sublimée avec les fines bulles de l'eau minérale de Plancoët ! Conseillé pour l'été.

POUR 2 PERSONNES :

2 cl de sirop de fraise

2 cl de jus de citron

20 cl de Plancoët fines bulles

4 fraises + 2 pour la décoration

Feuilles de menthe

Préparation :

- Couper en petits dés les fraises en n'oubliant pas d'en conserver une par personne pour la décoration.
- Mettre des cubes de glace dans un shaker puis y verser le jus de citron et le sirop de fraise.
- Frapper et passer dans des jolis verres adaptés remplis de quelques glaçons.
- Partager dans les verres les dés de fraise puis allonger de Plancoët.
- Décorer avec une jolie feuille de menthe et une fraise incisée posée sur le rebord du verre

Dégustation

Le sirop et le jus de citron s'équilibrent en sensation acidité-sucré et l'apport de la Plancoët en fait une boisson très désaltérante. Les petits dés de fruits lui apportent plus de consistance et de gourmandise.

COCKTAIL **SANS ALCOOL**

LE COUCHER DU SOLEIL

La grande qualité du jus de pomme fermier de Kermabo n'a pas à rougir du cidre « Guillevic » qui lui va à merveille dans le cocktail original !

POUR 2 PERSONNES :

1 cl de grenadine

1 cl de jus de citron

12 cl de jus d'orange

14 cl de jus de pomme

Préparation :

- Mettre des cubes de glace dans un shaker puis y verser la grenadine, le jus de citron et le jus de d'orange.
- Frapper et passer dans des jolis verres adaptés jusqu'à la moitié du verre.
- Allonger de jus de pomme avec la même quantité.

Dégustation

Le jus d'orange complète la base équilibrée de citron et de grenadine. Le dosage moitié base et moitié pomme s'harmonise pour ne pas laisser un ingrédient dominer.

COCKTAIL **SANS ALCOOL**

L'AVAL THÉ GLACÉ

C'est un peu la « pomme » des thés...
Oups ... d'été !

POUR 2 PERSONNES :

9 cl de thé vert refroidi

2 cl de jus de citron

2 cl de sirop de sucre

3 cl de jus de pomme

Feuilles de menthe et lamelles de pomme pour la décoration

Préparation :

- Mettre des cubes de glace dans un shaker puis y verser tous les ingrédients.
- Frapper et passer dans des jolis verres adaptés remplis de quelques glaçons.
- Décorer avec une feuille de menthe et une tranche de pomme.

Dégustation

On ressent bien le thé avec la douceur apportée par la pomme.

COCKTAIL **SANS ALCOOL**

LE THÉ TONIC GLACÉ

Un thé glacé pour l'été !

POUR 2 PERSONNES :

9 cl de thé vert refroidi

2 cl de jus de citron
+ rondelles pour la décoration

2 cl de sirop de sucre

3 cl de French Tonic
(La Ferme du Château à La Baule 44)

Préparation :

- Mettre des cubes de glace dans un shaker puis y verser le thé vert refroidi, le jus de citron et le sirop de sucre.
- Frapper et passer dans des jolis verres adaptés remplis de quelques glaçons.
- Allonger avec le tonic.
- Décorer avec une rondelle de citron.

Dégustation

On ressent bien le thé avec la fraîcheur apportée par le citron et le tonic

Variante

Nous avons aussi testé cette base en remplaçant le French Tonic par de la Plancoët : gazéification légère et très désaltérant.

MES COCKTAILS BRETONS !

À VOUS DE COMPOSER **LE** COCKTAIL BRETON PARFAIT (PLÉONASME) POUR VOS APÉROS !

Tentez l'aventure du bon goût breton et n'hésitez pas à partager !

LISTE NON-EXHAUSTIVE D'INGRÉDIENTS :

Bière bretonne
Breizh Cola, Breizh Tea
Chouchen
Cidre Guillevic, brut, fermier...
Fine Bretagne
French Tonic
Gin breton
Gingembre
Gwenn blanche
Hydromel
Jus de citron
Jus de pomme
Lambig
Liqueur Algane d'Océan
Miel
Pastis Marin
Plancoët fines bulles
Pommeau de Bretagne
Rhum breton
Sirop de fraise
Sirop de sucre de canne
Vodka bretonne
Whisky breton
...

MON COCKTAIL BRETON

LE ....

Ce cocktail est extraordinaire car...

POUR PERSONNES :

Préparation :

-
-
-
-
-

Dégustation

On ressent...

MON COCKTAIL BRETON

LE ....

Attention, c'est une merveille en raison de ...

POUR PERSONNES :

Préparation :

-
-
-
-
-

Dégustation

On ressent...

MON COCKTAIL BRETON

LE ....

Rien de meilleur depuis...

POUR PERSONNES :

Préparation :

-
-
-
-
-

Dégustation

On ressent...

"Le Jardin Gourmand" à Lorient

NATHALIE & ARNAUD

"La Cave des Gourmands" à Locmiquélic

ÉMILIE & MATEJ

Merci

à tous les producteurs de légumes qui travaillent avec passion pour nous donner les plus beaux produits tout en respectant la nature que celle-ci nous offre tout au long de l'année,

à Germain Mahéo de la ferme du Hingair à Kervignac, à Simone Charrier de la ferme du Moulin Coz à Le Saint, à Philippe Larboulette du GAEC des Bleuets à Plouhinec,...

à tous nos artisans bretons cidriers, brasseurs, distillateurs... qui font des produits régionaux de très grande qualité avec une telle personnalité et une telle créativité,

pour l'accueil, la fidélité et le partage de leurs belles histoires (depuis notre ouverture en 1990 !) à Anne et Eugène Le Guérroué, leur fille Maud et Sébastien Le Romancer qui ont repris l'entreprise "Les Vergers de Kermabo" à Guidel avec passion et qui continuent d'innover dans la continuité de la qualité et de leur engagement environnemental,

à la famille Le Lay et Anastasia de la Distillerie des Menhirs à Plomelin qui nous ont encore si bien accueillis avec Émilie pour revisiter les lieux et refaire une dégustation de la gamme de leurs bons produits,

à la famille Seznec de la Distillerie du Plessis et du Manoir de Kinkiz à Quimper qui nous ont également si bien accueillis avec Émilie pour visiter leurs installations et faire une très belle dégustation de leurs bons produits,

à tous ceux cités dans les recettes ainsi qu'à ceux que nous n'avons pas pu citer mais que nous n'oublions pas au quotidien dans nos établissements...

à la société "Appolia" de Languidic pour leurs jolis plats en céramique,

à Pierre-Anne, mon excellent apprenti sommelier, pour sa motivation et son engagement volontaire à nos côtés lors des créations de nos cocktails avec Émilie,

à nos fidèles correcteurs Catherine, Jean-Marc et Marie-Jeanne,

à tous nos jeunes cuisiniers et goûteurs : Anna, Émilie, Liza, Louis, Marin, Nathan, Vanessa,...

à tous nos "vieux" cuisiniers et goûteurs qui se reconnaîtront !

Et une pensée affectueuse pour notre fille, grande sommelière et pour notre gendre, grand cuisinier gourmand, dont nous sommes très fiers et avec lesquels nous avons partagé avec beaucoup de plaisir cette création en famille !

www.tropmad.bzh

Photographies de Pierre Pelletier • Illustrations "portraits" d'Émilie Beauvais

Imprimé en France par Typo'Libris
Dépôt légal : avril 2022

ISSN : 2417-9388 • ISBN : 978-2-918068-16-7 • EAN : 9782918068167